SCHMITT 1985

ŒUVRES COMPLÈTES

DE

SIR WALTER SCOTT.

Traduction Nouvelle.

PARIS,

A. SAUTELET ET Cᵒ ET CHARLES GOSSELIN

LIBRAIRES-ÉDITEURS.

M DCCC XXVI.

ŒUVRES COMPLÈTES

DE

SIR WALTER SCOTT.

TOME DOUZIÈME.

IMPRIMERIE DE H. FOURNIER,
RUE DE SEINE, N° 14.

WAVERLEY,

ou

IL Y A SOIXANTE ANS.

(𝔚𝔞𝔳𝔢𝔯𝔩𝔢𝔶, 𝔬𝔯 𝔰𝔦𝔵𝔱𝔶 𝔶𝔢𝔞𝔯𝔰 𝔰𝔦𝔫𝔠𝔢.)

TOME DEUXIÈME.

« Sous quel prince sers-tu ? parle, vaurien, ou meurs ! »
SHAKSPEARE. *Henry IV*, partie II.

WAVERLEY,

ou

IL Y A SOIXANTE ANS.

(𝔚𝔞𝔳𝔢𝔯𝔩𝔢𝔶, 𝔬𝔯 𝔰𝔦𝔵𝔱𝔶 𝔶𝔢𝔞𝔯𝔰 𝔰𝔦𝔫𝔠𝔢.)

CHAPITRE XXIV.

Chasse au cerf et ses conséquences.

Ce chapitre sera-t-il long ou court? — C'est là une question dont les conséquences (1) peuvent vous intéresser, aimable lecteur, — tout juste comme lorsqu'il s'a-

(1) L'auteur joue ici sur ce mot répété d'après le titre du chapitre. — Éd.

git d'imposer une taxe nouvelle; car probablement (ainsi que moi) vous n'avez rien qui vous regarde dans cet acte, si ce n'est la petite circonstance de payer. Plus heureux avec moi du moins : — je puis bien, par mon autorité arbitraire, étendre mes matériaux autant qu'il me plaira; mais je ne pourrai point vous citer devant la cour de l'échiquier, si vous refusez de me lire. Que je me consulte donc! J'avoue que les annales et les documens que je me suis procurés ne parlent que peu de cette chasse des Highlands, mais il sera facile de trouver ailleurs tous les matériaux dont je puis avoir besoin pour tenir ce que promet le titre de mon chapitre. Le vieux Lindsay de Pitscottie (1) n'est-il pas sous ma main avec sa chasse de la forêt d'Athole, et « son palais « élevé et bien garni de poutres d'un bois vert, avec « toutes les espèces de boisson qu'on peut se procurer en « ville et aux champs, telles que ale, bière, vins muscats, « malvoisie, hypocras et eau-de-vie; avec pain de fro- « ment, gros pain, pain de gingembre, bœuf, mouton, « agneau, veau, venaison, oies, cochons de lait, cha- « pon, lapin, grue, cygne, perdrix, pluvier, canard, « canard sauvage, dindon, paon, faisan noir, grouse « et capercailzies (2), sans oublier les riches couchers, « la vaisselle et le linge de table; » — sans oublier surtout « les habiles intendans, les adroits boulangers, et

(1) Sir Robert Lindsay de Pitscottie, à qui l'auteur emprunte la citation suivante, vivait dans le quinzième siècle; il est l'auteur d'une histoire, ou plutôt *chronique* d'Écosse qu'on attribue aussi à sir David Lindsay, son contemporain. La chasse dont il est ici question fut une des grandes chasses de Jacques V, en 1528. — Éd.

(2) Le capercailzie, ou capercaylie d'Écosse, est le *tetrao urogallus* de Linnée, une espèce de coq de bruyère, qu'on retrouve en Russie, en Pologne, etc. — Éd.

« les apothicaires-confiseurs avec des confections et des
« baumes pour les desserts (1). » — Outre les particularités qu'on peut glaner dans cette description d'un banquet des Highlands dont le luxe fit changer d'opinion au légat du pape, qui avait jusque-là prétendu que l'Écosse était — le, — oui, — le bout du monde, outre ces particularités, ne pourrai-je pas embellir mon récit avec la chasse que vit Taylor, le poète marinier (2) sur les montagnes de Mar (3), où,

>A travers les brouillards, marais et fondrières,
>Les rochers foudroyés, les monts et leurs bruyères,
>Lièvres, cerfs et chevreuils se présentent soudain,
>Et deux heures de chasse en donnent quatre-vingt!
>Lowland. on te nomma low land avec raison;
>Mais Highland, ton gibier est digne de ton nom (4).

Mais, sans tyranniser davantage mes lecteurs, ou faire

(1) Il y avait plus de douze mille personnes, selon Pitscottie, à cette chasse royale. Elle méritait bien en effet l'admiration du légat, *the Pope's legate*, dont, par parenthèse, le premier traducteur de *Waverley* avait fait un commentateur de Pope. — Éd.

(2) John Taylor, surnommé le *poète de l'eau, the water poet*, parce qu'il avait été apprenti chez un marinier de la Tamise (*a water-man*). Taylor servit aussi sur la flotte du comte d'Essex, au siège de Cadix (1596). C'était un poète assez médiocre, mais qui attirait l'attention, à cause de son premier état. Il était aussi poète politique, et ses satires contre les têtes-rondes firent quelque bruit. Il mourut en 1654.

(3) Le canton de Mar est dans le comté d'Aberdeen. On le divise en trois régions : Brae-Mar, pays de montagnes, Cro-Mar, pays cultivé, et Mid-Mar, pays à égale distance des deux rivières Dee et Don qui l'arrosent. Le canton de Mar donne le titre de comte à la famille Erskine; et ce fut avec le comte de Mar et ses amis que Taylor assista à une grande chasse de Brae-Mar. — Éd.

(4) S'il est permis de traduire des vers avec une exactitude un

étalage de mes lectures, je me contenterai d'augmenter un incident de la mémorable chasse de Lude, citée dans l'Essai sur la harpe calédonienne par le spirituel M. Gunn (1), et je continuerai mon histoire avec toute la brièveté que me permettra mon genre de composition qui participe de ce que les savans appellent le style de la périphrase ou des circonlocutions, et le vulgaire, le style entortillé.

Plusieurs motifs firent que la grande chasse fut retardée d'environ trois semaines : ce temps s'écoula agréablement pour Waverley au château de Glennaquoich. L'impression que Flora avait faite sur son cœur à leur première entrevue devenait plus vive de jour en jour ; car Flora était précisément la personne qu'il fallait pour fasciner l'esprit et les yeux d'un jeune homme romanesque : ses manières, sa conversation, ses talens pour la musique et pour la poésie donnaient un nouvel éclat à ses attraits. Lors même qu'elle se livrait à la gaieté, elle conservait aux yeux d'Édouard un caractère qui l'exaltait au-dessus des filles ordinaires d'Ève. Il lui semblait que ce n'était que par complaisance qu'elle prenait part à ces amusemens et à ces conversations de galanterie qui font l'existence de la plupart des femmes. En vivant

peu plate, c'est quand la poésie presque burlesque qui en résulte est l'image du prosaïsme de l'original. J. Taylor, le poète marinier, n'était qu'un poète très-vulgaire. Pour saisir le sens des deux derniers vers, il faut se rappeler que Lowland (Basse-Écosse) signifie bas-pays, et Highland (Haute-Écosse) haut-pays. Taylor dit que la chasse des Lowlands est *low*, basse, mesquine, et celle des Highlands, *haute*, grande, etc. — Éd.

(1) M. John Gunn, d'Édimbourg, cité dans les notes de la *Dame du Lac*. Son ouvrage est intitulé : *Essai sur la Harpe et la Musique des Highlands*, etc. — Éd.

auprès de cette aimable enchanteresse, en passant avec elle les journées, soit à la promenade, soit à faire de la musique, soit à danser, Waverley était de plus en plus content de son hôte et plus épris de son adorable sœur.

Enfin l'époque fixée pour la grande chasse arriva, et Waverley partit avec le chef pour le lieu du rendez-vous, situé à une journée de marche de Glennaquoich, vers le nord. Fergus fut suivi dans cette occasion par trois cents hommes de son clan, bien armés et bien équipés. Waverley fit aux usages du pays la concession d'adopter les trews (il ne put se décider à prendre le kilt), les brogues et la toque, comme le costume le plus commode pour la chasse, et qui d'ailleurs l'exposait moins à exciter la surprise par son air étranger. Ils trouvèrent, au lieu indiqué, plusieurs chefs puissans. Waverley leur fut présenté, et en reçut un accueil cordial. Le nombre de vassaux et hommes de leur clan qui les accompagnaient, ainsi qu'ils y étaient obligés, était si considérable qu'ils auraient pu former une petite armée. Ils étaient placés à une distance de plusieurs milles, et formaient un cercle, ou tinchel, pour me servir du mot technique. Ce cercle allait en se resserrant, et poussait peu à peu les bêtes fauves vers le glen où les chefs et les principaux chasseurs étaient en embuscade. Ces illustres personnages bivouaquaient sur la bruyère en fleur, enveloppés dans leurs manteaux; cette manière de passer une nuit d'été ne parut point désagréable à Waverley.

Le soleil était levé depuis plusieurs heures, et le plus profond silence régnait dans les défilés des montagnes; les chefs et leurs montagnards s'amusaient à divers jeux, et le plaisir de la coupe, — the joy of the shell (1), — comme dit Ossian, n'était pas oublié. — D'autres s'étaient assis à part sur la colline (2), discutant sans doute les intérêts politiques, les nouvelles du jour, ou des matières métaphysiques, à l'imitation des anges de Milton. Enfin le signal de l'approche de la chasse se fit entendre plusieurs fois. Au loin, d'une vallée à l'autre, retentissaient les acclamations à mesure que les diverses bandes de Highlanders, gravissant les rochers, s'ouvrant péniblement un passage à travers les taillis, franchissant les ruisseaux, et traversant les petits bois, se rapprochaient les unes des autres, et resserraient dans un cercle plus étroit les daims effrayés et les autres animaux sauvages qui fuyaient avec eux. Par intervalles partaient des coups de mousquet répétés par mille échos ; à ce bruit se joignirent les aboiemens des chiens de plus en plus distincts. L'avant-garde des daims fut enfin aperçue, et quand ils se montrèrent en bondissant dans le défilé par groupes de trois ou quatre, les chefs se piquèrent d'honneur pour désigner le plus gras, et montrer leur adresse en l'atteignant d'une balle. Fergus se fit surtout remarquer, et Waverley fut assez heureux pour mériter, de son côté, de nombreux applaudissemens.

Mais le principal corps d'armée des daims commençait à déboucher dans le vallon, et présentait une phalange imposante et terrible. Leurs têtes couronnées, vues de loin, ressemblaient à une forêt dépouillée de feuilles. Leur

---

(1) *The joy of the shell went round*, le plaisir de la conque ou de la coquille circulait (Carthon). La conque marine était une coupe naturelle pour les héros d'Ossian. Ici l'auteur veut exprimer les libations de wiskhey d'une manière poétique. — Éd.

(2) Citation de Milton. — Éd.

nombre était vraiment considérable. En voyant leur ligne de bataille, leur attitude menaçante, et surtout la manière dont les vieux daims, se plaçant sur la première ligne, promenaient leurs regards sur leurs ennemis qui les tenaient bloqués, les chasseurs les plus expérimentés annoncèrent qu'on devait s'attendre à quelque danger. Cependant le massacre commença sur tous les points. On n'entendait de toutes parts que les aboiemens des chiens, les cris des chasseurs et les décharges de la mousqueterie. Les daims, réduits au désespoir, firent une charge terrible du côté où les chasseurs les plus renommés avaient choisi leur poste. L'ordre fut aussitôt donné en langue gaëlique de se coucher visage contre terre. L'ignorance de cet antique dialecte faillit coûter cher à Waverley, qui ne comprit pas ce qu'on lui criait. Fergus, s'apercevant de son péril, s'élança vers lui, le saisit avec force et le renversa sur la terre au moment même où le troupeau fondait sur eux. Il eût été de toute impossibilité de résister à ce torrent, et les coups de ces animaux sont très-dangereux. On peut donc dire que l'adresse et le courage de Fergus sauvèrent la vie à notre héros. Il le tint d'une main ferme jusqu'à ce que le troupeau de daims leur eût passé sur le corps. Waverley essaya alors de se lever; mais il se sentit couvert de contusions, et ne tarda pas à s'apercevoir qu'il avait la cheville du pied violemment foulée.

Cet accident arrêta un moment la joie bruyante de l'assemblée, quoique les Highlanders fussent accoutumés à ces sortes de blessures. On dressa de suite une espèce de tente où Édouard fut placé sur une couche de bruyère. Le chirurgien, ou celui qui s'offrit pour en remplir les fonctions, semblait à la fois un docteur et un sorcier : c'était un vieux montagnard portant une longue barbe blanche qui faisait encore mieux ressortir son teint noir et les rides de son front. Il n'avait pour tout habillement qu'une casaque de tartan qui lui descendait jusqu'aux genoux. Il s'approcha d'Édouard avec un air de cérémonie, et trois fois il fit le tour du lit, ayant soin d'aller de l'orient vers l'occident, d'après le cours du soleil. Le docteur et les assistans paraissaient attacher la plus grande importance à la réussite de cette opération qu'on appelait le *deasil*. Édouard souffrait trop pour être tenté de faire la moindre question ; et d'ailleurs comptant peu sur une réponse, il se soumit en silence.

Après cette cérémonie préalable, le vieil Esculape saigna très-adroitement Édouard avec une ventouse. Il fit bouillir plusieurs plantes dont il forma une ambrocation, ayant soin de marmoter certaines paroles magiques. Il fomenta ensuite la partie souffrante, murmurant toujours des prières ou des charmes magiques peut-être, car Waverley ne put distinguer que les mots *Gaspar-Melchior-Balthazar-Max-Prax-Fax*, et autres mots de jargon. Les fomentations ne tardèrent pas à produire un soulagement, ce que notre héros attribua au suc des herbes et à l'effet de la friction ; mais l'assemblée ne doutait pas que ce ne fût celui des paroles magiques. On apprit à Édouard que toutes les plantes dont on s'était servi avaient été cueillies pendant la pleine lune, et que l'herboriste en les cueillant n'avait cessé de réciter des paroles puissantes, dont voici le sens :

> Je te salue, herbe divine,
> Jadis cueillie en Palestine,
> Au mont sacré des Oliviers!
> Grâce à tes sucs nourriciers,

> Tu peux rappeler à la vie
> Les malades presque mourans.
> Au nom de la vierge Marie,
> Je viens te cueillir dans nos champs.

Édouard ne vit pas sans quelque étonnement que Fergus, malgré son bon sens et son éducation, partageait la superstition de ses compatriotes. Peut-être regardait-il comme impolitique d'affecter du scepticisme sur une croyance généralement reçue; ou plus probablement, comme tant d'autres personnes qui ne réfléchissent jamais sérieusement sur ces matières, il y avait chez lui un fond de superstition qui balançait la liberté de ses paroles et de ses actions dans d'autres circonstances. Waverley ne se permit aucun commentaire sur la manière dont il avait été traité; mais il paya le médecin avec une générosité qui surpassa de beaucoup ses espérances. Celui-ci fit tant de remerciemens en langues anglaise et gaëlique, que Mac-Ivor scandalisé de cet excès de reconnaissance, y mit fin par un jurement énergique : *Ceud mile mhalloich ort!* (cent mille malédictions sur toi!) et en même temps il le poussa par les épaules hors de la tente.

Quand Waverley fut seul, la douleur et la fatigue le plongèrent bientôt dans un sommeil profond, quoique troublé par un peu de fièvre; il dut sans doute ce repos à la potion narcotique que le vieux montagnard avait composée avec la décoction de quelques plantes de sa pharmacopée.

Le lendemain, la chasse étant terminée et la gaieté un peu troublée par l'accident d'Édouard, à qui Fergus et tous ses amis témoignèrent l'intérêt le plus vif, il s'agit de transporter le chasseur blessé. Pour cela, Fergus

Mac-Ivor fit préparer un brancard avec des branches de bouleau, et ses Highlanders transportèrent Waverley avec tant d'adresse, qu'il n'est pas improbable qu'ils ne fussent les ancêtres de quelques-uns de ces robustes Gaëls qui ont de nos jours le bonheur de transporter en chaise à porteur les belles d'Edimbourg dans dix *routs* différens en une même soirée (1). Quand Waverley fut élevé sur leurs épaules il jouit avec satisfaction de l'effet pittoresque produit par le départ de ce camp du désert.

Les différentes tribus se réunirent chacune au *Pibroch* (2) de son clan, et conduites par leur chef patriarcal. Quelques-unes déjà en marche étaient aperçues gravissant les détours des montagnes, ou descendant les gorges qui conduisaient au lieu de la chasse. L'oreille était parfois frappée du son mourant et lointain de leurs cornemuses. D'autres formaient des groupes mouvans sur la plaine étroite; les plumes de leurs toques et leurs larges plaids flottaient au gré des vents du matin, tandis

(1) On appelle *Cady* (sans doute du français, cadet) les commissionnaires et porteurs qui stationnent au coin des rues d'Edimbourg. Autrefois les Cadys se recrutaient principalement dans les montagnes. Les habitans de la Basse-Écosse en donnent quelquefois une singulière raison:—les maisons d'Édimbourg, celles de la vieille ville sont si hautes, qu'un homme habitué à gravir le Ben-Nevis, le Ben-Lomond, etc., peut seul porter de lourds paquets, et même le léger billet doux, à un douzième étage. Du temps de Smollet, les Cadys formaient une espèce de corporation, etc. Ce sont encore eux qui transportent les dames aux soirées, ou *routs*, dans des chaises-à-porteurs. — Éd.

(2) Chaque clan d'Ecosse a son pibroc particulier, exécuté sur la cornemuse. Les connaisseurs prétendent y distinguer tous les sons imitatifs d'une chasse, d'un combat, ou d'une fête. — Éd.

que leurs armes brillantes réfléchissaient les rayons du soleil levant. Plusieurs chefs vinrent prendre congé de Waverley, et lui exprimer l'espoir inquiet qu'ils conservaient de le revoir bientôt; mais Fergus eut l'attention d'abréger la cérémonie des adieux. Déjà le clan d'Ivor était réuni et en ordre de marche. Fergus donna le signal du départ, par un autre chemin que celui qu'ils avaient suivi en venant. Il fit entendre à Waverley qu'une partie de ceux qui l'accompagnaient avaient une expédition à faire; que lorsqu'ils seraient arrivés chez un gentilhomme de ses amis, il le confierait à ses soins, et qu'il serait obligé de s'absenter pour quelques jours. —Mais soyez assuré, lui dit-il, qu'il aura pour vous tous les égards que vous méritez, et que je ne tarderai pas à vous rejoindre.

Waverley fut un peu surpris de ce que Fergus ne lui avait pas parlé de ce projet en partant pour la chasse; mais il ne pouvait dans sa situation lui faire beaucoup de questions à cet égard. La plupart des hommes du clan partirent en avant-garde sous la conduite du vieux Ballenkeiroch et d'Evan Dhu Mac-Combich; tous paraissaient animés de la joie la plus vive; il ne resta que quelques hommes auprès du chef, pour lui servir d'escorte. Fergus marchait à côté de la litière d'Édouard, et ne cessait de s'occuper de lui de la manière la plus affectueuse. Après une marche longue et pénible, ils arrivèrent, sur le midi, chez l'ami de Fergus, qui avait fait les préparatifs que comportait la vie frugale des Highlands à cette époque. Édouard admira dans ce vieillard les restes de la simplicité primitive. Ses vêtemens provenaient des productions de ses propriétés : la laine de ses brebis en avait fourni le tissu, préparé par ses serviteurs. C'était avec le suc des herbes et des lichens des montagnes voisines qu'il lui avait donné la couleur du *tartan*. La toile de son linge avait été faite avec le chanvre qu'il avait récolté et que ses filles avaient filé; sa table n'offrait pas un mets qui ne fût le produit de ses domaines, quoiqu'elle fût abondante en gibier et en poisson.

Peu ambitieux des privilèges de chef de clan et du vasselage, il s'estimait heureux de l'alliance et de la protection de Vich Ian Vohr et de quelques autres chefs non moins entreprenans. Il est vrai que souvent les jeunes gens nés sur ses terres le quittaient pour aller servir sous les ordres de ses amis plus actifs, mais ses vieux domestiques et ses tenanciers plus sages secouaient la tête lorsqu'ils entendaient reprocher à leur maître son calme et son apathie, en observant que—si le vent souffle doucement, la pluie tombe plus long-temps (1). — Ce bon vieillard, dont la bienveillante hospitalité n'avait point de bornes, se serait fait un devoir de témoigner les plus tendres égards à Waverley, eût-il été le dernier paysan saxon. Il suffisait à ses yeux qu'il eût besoin de ses soins; mais le titre d'ami de Fergus le fit considérer comme un dépôt précieux qui méritait toute sa sollicitude et la prévenance la plus attentive.

Mac-Ivor, après avoir témoigné à Waverley peut-être plus d'inquiétude que ne demandait l'état de sa santé, lui fit ses adieux et lui promit de revenir sous peu de jours à Tomanrait. — J'espère, dit-il, qu'à mon retour vous serez en état de monter un des poneys highlanders de votre hôte, pour retourner à Glennaquoich.

(1) Proverbe gaëlique. — Éd.

Le lendemain le vieux laird apprit à Édouard que son ami s'était mis en marche dès la pointe du jour; qu'il avait emmené tout son monde, à l'exception de Callum Beg son jeune page, à qui il avait donné l'ordre de ne pas perdre son ami de vue, et de lui obéir comme à lui-même. Waverley s'informa si l'on connaissait le but du voyage de Mac-Ivor; le vieillard arrêta ses regards sur lui d'un air mystérieux, et se contenta de sourire. Waverley renouvela sa question, et son hôte lui répondit en citant un proverbe :

> Pourquoi le messager fut-il pendu jadis ?
> C'est qu'on lui demanda ce qu'il avait appris.

Il allait continuer, mais Callum Beg ne lui en laissa pas le temps. — Le chef (*Ta Tighearnach*), dit-il avec un ton presque impertinent, n'aimait pas que le Duinhè wassel sassenagh (1) fût excité à beaucoup parler, parce qu'il ne se portait pas bien. Waverley en conclut qu'il désobligerait son ami, s'il cherchait à connaître d'un autre ce qu'il n'avait pas jugé à propos de lui communiquer lui-même.

Il est inutile de décrire les progrès du rétablissement de la santé de notre héros; cinq jours s'étaient à peine écoulés qu'il se sentit en état de marcher à l'aide d'un bâton, et que Fergus revint avec une vingtaine de ses gens. Son visage paraissait rayonnant de joie; il félicita son ami sur sa prompte convalescence, et, trouvant qu'il pouvait monter à cheval, il lui proposa de partir de suite pour Glennaquoich. Cette proposition fit le

---

(1) Le gentilhomme saxon. — Éd.

plus grand plaisir à Waverley, car il n'avait cessé de voir la belle châtelaine dans ses rêves.

> Ils ont bientôt franchi les coteaux, les vallons,
> Les bruyères, les marécages.

Fergus se tint constamment auprès de son ami pendant toute la route, et ses *Mirmidons*, qui marchaient d'un pas infatigable, ne s'éloignèrent que pour tirer sur quelques chevreuils ou sur quelques coqs de bruyère. Le cœur de Waverley battit avec force lorsqu'il aperçut la vieille tour de Ian Nan Chaistel, et surtout lorsqu'il put distinguer la belle châtelaine, qui venait à sa rencontre.

Fergus, avec sa bonne humeur accoutumée, lui cria de loin : — Incomparable princesse! ouvrez les portes au Maure Abindares, que son ami Rodrigue de Narvaes, connétable d'Antiquera, amène dans votre château!... Ou bien, si vous le préférez, ouvrez au vaillant marquis de Mantoue, qui tremble pour les jours de son malheureux ami presque mourant, Baldovinos de la Montagne (1)!... Paix à ton ame, Cervantes! Comment pourrais-je, sans te citer, me faire comprendre à une beauté romanesque.

Flora s'approcha, et reçut Édouard avec les démonstrations de la plus sincère affection et de la plus vive inquiétude sur son malheureux accident, dont elle

(1) Allusion à ce passage du premier livre des *Aventures de don Quichotte*.

Abran vuestras mercedes al señor Baldovinos, y al señor marques de Mantua, que vien mal herido, y al señor Abendarraes, que trae cautivo el valeroso Rodrigo de Narvaez, etc. — Éd.

avait appris les détails. — Mon cher Fergus, dit-elle, comment avez-vous pu veiller avec aussi peu de soin sur la sûreté de votre hôte?... devait-il s'attendre à cette indifférence? Édouard s'empressa de disculper le chieftain, qui, dans le fait, lui avait sauvé la vie au péril de la sienne.

Après les premiers complimens, Fergus dit quelques mots à sa sœur en gaëlique, et les joues de la belle Flora furent bientôt inondées de larmes que la piété ou le contentement paraissait faire couler; elle leva ses beaux yeux au ciel, et joignit ses mains pour le remercier. Une minute s'était à peine écoulée qu'elle remit à Waverley des lettres qu'on avait envoyées de Tully-Veolan pendant son absence; elle en remit d'autres à son frère, ainsi que plusieurs numéros du *Mercure Calédonien* (1), la seule gazette publiée alors sur cette rive nord de la Tweed (2).

Les deux amis se retirèrent pour examiner leurs dépêches; Waverley vit bientôt que les siennes contenaient des objets d'un très-grand intérêt.

(1) Journal dont la publication est continuée encore à Édimbourg. *The Caledonian Mercury.* — Éd.

(2) La Tweed sépare l'Angleterre de l'Écosse. — Éd.

CHAPITRE XXV.

Nouvelles d'Angleterre.

Les lettres que Waverley avait reçues d'Angleterre, jusqu'à cette époque, n'étaient pas de nature à mériter d'être communiquées au lecteur. Son père lui écrivait habituellement avec la pompeuse affectation d'un homme trop accablé par les affaires publiques pour s'occuper de celles de sa famille. Parfois il lui nommait quelques personnes de rang en Écosse, auxquelles il aurait désiré que son fils rendît ses devoirs. Mais Waverley, tout entier aux amusemens de Tully-Veolan et de Glennaquoich, s'était cru dispensé de faire beaucoup d'attention à des désirs si froidement exprimés, d'autant plus qu'il avait une excuse toute prête dans les distances, la briéveté de ses congés, etc.

Depuis quelque temps, les épitres paternelles de

M. Richard Waverley annonçaient d'un style mystérieux l'espoir d'un crédit et d'une grandeur prochaine qu'il attendait, et qui promettait à son fils l'avancement le plus rapide s'il restait au service. Les lettres de sir Everard étaient d'une tout autre teneur : elles étaient courtes, car le bon baronnet n'était pas un de ces correspondans inépuisables dont l'écriture déborde la marge de leur large papier à lettre, et ne laisse aucun vide pour le cachet; mais elles étaient tendres et affectueuses. Il faisait parfois des allusions au coursier de notre héros, lui demandait souvent en quel état se trouvaient ses finances, et surtout de quelle manière se conduisaient les recrues qu'il avait emmenées avec lui.—La tante Rachel lui recommandait de ne pas oublier ses principes de religion, et de se prémunir contre les brouillards écossais, qui, à ce qu'elle avait entendu dire, mouillaient un Anglais jusqu'à la peau (1). Aussi lui recommandait-elle de ne jamais sortir le soir sans sa capote, et d'avoir toujours un gilet de flanelle.

M. Pembroke n'avait écrit qu'une seule fois à notre héros, mais sa lettre était six fois plus longue que celles qu'on écrit dans notre siècle dégénéré : elle n'avait pas moins de dix énormes pages d'une écriture très-serrée; c'était le précis d'un manuscrit in-quarto, d'additions, de suppressions et de corrections aux deux traités remis à Waverley avant son départ. Ce n'était qu'un petit morceau pour calmer l'appétit de curiosité qu'il supposait à Édouard, se réservant de lui envoyer, par la première occasion favorable, l'ouvrage entier, trop

---

(1) Ce proverbe épigrammatique trouve son application fréquente en Écosse, où l'on appelle gravement brouillard ces ondées soudaines qui traversent les parapluies et les vêtemens. — Éd.

volumineux pour être mis à la poste, et annonçant qu'il lui adresserait aussi certaines brochures intéressantes, récemment publiées par son ami le libraire de la *Petite-Bretagne*, avec lequel il avait entretenu une sorte de correspondance littéraire, d'où il résultait que les rayons de la bibliothèque de Waverley-Honour étaient chargés de beaucoup de productions absurdes, et que l'on envoyait régulièrement une fois par an à sir Everard un mémoire dont le montant n'était jamais exprimé par moins de trois chiffres (1), avec un — *doit* sir Everard Waverley de Waverley-Honour à Jonathan Grubbet, libraire et papetier de la *Petite-Bretagne*.

Telles étaient les lettres qu'Édouard avait reçues jusqu'à ce jour; celles qu'on lui remit à Glennaquoich étaient bien d'une autre importance. J'aurais beau les transcrire littéralement, le lecteur ne pourrait comprendre le motif qui les avait fait écrire, avant de jeter un coup d'œil sur l'intérieur du cabinet de Saint-James à cette époque.

Il y avait, comme ce n'est pas rare, deux partis dans le ministère. Le plus faible cherchait à suppléer à son infériorité par ses intrigues actives. Il s'était fait depuis peu quelques nouveaux prosélytes, ce qui lui donnait l'espoir de supplanter le parti rival dans la faveur du souverain, et d'obtenir la prépondérance dans la chambre des communes. Richard Waverley, entre autres, lui avait semblé valoir la peine d'être gagné; cet honnête gentilhomme était parvenu à se créer un certain nom et un certain crédit, et à passer même aux yeux de plusieurs pour un politique profond, grace à la

(1) C'est-à-dire ne montait jamais à moins de 100 guinées, ou 100 livres sterling. — Éd.

mystérieuse gravité de sa conduite, à son attention pour l'étiquette autant que pour la substance des affaires, et aussi par sa facilité à faire de longs discours. Ils consistaient en maints lieux communs et maintes sentences banales, qui, parées d'un jargon technique masquaient assez bien le vide de ses phrases. Il n'était pas, il est vrai, disait-on, un de ces brillans orateurs dont le talent s'évapore en tropes de rhétorique et en saillies; mais un homme doué d'un mérite réel et de *bon usage*, comme disent nos dames en choisissant leurs robes de soie, qui, selon elles, doivent être excellentes pour l'usage de tous les jours, puisqu'elles n'ont rien de commun avec le tissu des robes du dimanche.

Cette idée sur M. Richard Waverley était si générale, que le parti dont nous venons de parler, ayant sondé ses dispositions, n'hésita pas à lui proposer une fonction très-élevée, dans le nouvel ordre de choses, en cas d'une certaine révolution ministérielle. Il ne s'agissait pas, il est vrai, de le placer au premier rang; mais son emploi devait être plus honorable et plus lucratif que celui qu'il exerçait. Sir Richard ne pouvait résister à une telle tentation, quoique le grand personnage qu'il s'agissait de supplanter fût son patron. Malheureusement trop de précipitation fit découvrir cette machination ténébreuse; toutes les personnes attachées au gouvernement qui se trouvèrent impliquées dans cette intrigue, et qui n'eurent pas la sage prévoyance de donner leur démission, furent informées officiellement que le roi n'avait plus besoin de leurs services; M. Richard Waverley fut de ce nombre, et comme il était, aux yeux du ministre, coupable d'une noire ingratitude, sa destitution fut conçue en termes de mépris et de reproches. Le public et même le parti qu'il avait voulu servir ne plaignirent pas beaucoup la chute de cet homme d'état, qui n'avait eu pour guides que son amour-propre et ses intérêts. Il se retira donc à la campagne, avec cette agréable réflexion qu'il avait perdu à la fois, sa réputation, son rang, et, — ce qu'il ne regrettait pas moins, — ses émolumens.

La lettre que Richard Waverley écrivit à son fils pour lui faire part de cet événement était un chef-d'œuvre dans son genre : Aristide n'avait pas été plus malheureux, — un monarque injuste, une patrie ingrate, — tel était le refrain de chaque paragraphe. Il parlait de ses longs services, de ses sacrifices nombreux, quoiqu'il eût été largement payé des premiers, et qu'on eût été embarrassé de dire en quoi consistaient les autres, si ce n'était d'avoir déserté, non par conviction, mais par l'espoir du lucre, les principes que sa famille professait. La modération l'avait abandonné entièrement dans les derniers paragraphes de sa lettre; il parlait de vengeance, et, quoique ses menaces fussent aussi vagues qu'impuissantes, il désirait que son fils se demît, aussitôt sa lettre reçue, de son emploi, pour témoigner son indignation du traitement que venait de subir son père; tel était aussi le désir de son oncle, comme celui-ci le lui ferait sans doute connaître.

En effet, la seconde lettre qu'ouvrit Édouard était de son oncle. Le revers de son frère lui avait fait oublier tous ses torts et l'opposition de leurs principes politiques. Trop éloigné de la capitale pour être informé du véritable motif de la disgrace de Richard, au lieu de les attribuer à ses intrigues ambitieuses, le bon et crédule baronnet n'y vit qu'une nouvelle preuve de l'injustice du gouvernement existant. — Il est bien vrai, se disait-il, et il le disait même à son neveu, que sir Richard n'aurait point éprouvé une injustice semblable, la première dont la famille de Waverley avait à rougir, s'il n'eût pas oublié ce qu'il devait à son nom, en acceptant les emplois d'un pareil gouvernement ; mais il était persuadé, ajoutait-il, qu'il sentait aujourd'hui toute l'énormité de sa faute ; et il aurait soin (lui sir Everard) d'empêcher que ses regrets eussent aussi pour objet ses pertes pécuniaires. C'était assez pour un Waverley d'avoir subi une disgrace publique : le chef de la famille remédierait aisément à la diminution de ses revenus ; mais c'était à la fois l'opinion de sir Richard Waverley et la sienne qu'Édouard, le représentant de la famille de Waverley-Honour, ne devait pas rester dans un poste qui l'exposait à recevoir une injure semblable à celle dont son père venait d'être atteint. Il invitait Édouard à prendre le moyen le plus sûr et le plus prompt pour faire parvenir sa démission aux bureaux de la guerre, sans y faire plus de cérémonie, ajoutait-il, qu'on n'en avait fait pour son père. Il le chargeait en même temps de ses complimens pour le baron de Bradwardine.

La tante Rachel s'exprimait d'une manière plus énergique encore. Elle regardait la disgrace de son frère comme la juste punition du forfait qu'il avait commis en oubliant les liens sacrés qui l'attachaient à son légitime souverain, quoique exilé, et en ayant la bassesse de prêter serment d'obéissance à l'usurpateur, concession que sir Nigel Waverley son grand-père n'avait jamais voulu faire ni au parlement, ni à Cromwell, disait-elle, quoique son refus l'exposât à perdre sa fortune et la vie. Elle espérait que son cher Édouard marcherait sur les traces de ses ancêtres, et qu'il s'empresserait de quitter les signes d'esclavage qu'il avait eu le malheur d'arborer ; il devait regarder comme un avertissement du ciel les chagrins que son père avait éprouvés ; car déserter la voie de la fidélité est un crime qui porte avec soi son châtiment. Elle finissait aussi en présentant ses complimens au baron de Bradwardine, et demandait à Waverley si miss Rose, sa fille, était assez âgée pour porter une belle paire de boucles d'oreilles qu'elle avait le projet de lui envoyer comme un gage de son amitié. La bonne dame désirait aussi savoir si M. Bradwardine prenait autant de tabac écossais (1), et était un danseur aussi infatigable que trente ans auparavant au château de Waverley-Honour.

Le lecteur présume bien que ces lettres excitèrent l'indignation d'Édouard. D'après les études mal dirigées qu'il avait faites, il n'avait aucune opinion politique arrêtée qui pût contenir le ressentiment que lui causaient les prétendus outrages faits à son père. Il ignorait entièrement la véritable cause de sa disgrace, ne s'étant jamais occupé à apprécier la politique du temps où il vivait, et n'ayant pas la moindre idée des intrigues où sir Richard Waverley s'était engagé. L'impression que les divers partis qui existaient alors avaient faite sur son esprit n'était point favorable au gouvernement présent, ce qu'il devait à la société du château de Waverley-Honour. Il partagea donc le ressentiment des personnes qui avaient le droit de lui dicter sa conduite ; on pourrait peut-être ajouter à ces motifs déterminans

(1) Les Écossais ont toujours passé en Angleterre pour de grands *priseurs*, si bien que l'enseigne des marchands de tabac de Londres est communément un Écossais en grand costume grossièrement sculpté en bois et colorié. — Éd.

l'ennui qu'il avait supporté dans la garnison, et son infériorité parmi ses camarades pour les connaissances militaires. Enfin il aurait hésité là-dessus, que la lettre de son colonel aurait suffi pour lever tous ses doutes : comme elle est courte, nous allons la transcrire mot pour mot.

« Monsieur,

« J'ai poussé plus loin que je ne le devais l'indulgence
« que m'inspiraient les sentimens de mon cœur et la
« charité chrétienne pour des fautes que je n'attribuais
« qu'à l'inexpérience de la jeunesse. Comme ma condes-
« cendance n'a pas eu l'effet que j'en attendais, je me
« vois forcé par les circonstances critiques où nous nous
« trouvons d'employer le seul remède qui soit en mon
« pouvoir.
« Je vous ordonne donc de vous rendre à........, quar-
« tier du régiment, dans le délai de trois jours à compter
« de la date de ma lettre. Faute par vous de vous con-
« former à l'ordre que je ne vous donne qu'à regret, je
« ferai mon rapport aux bureaux de la guerre, je vous
« signalerai comme absent sans permission, et pren-
« drai d'autres mesures qui vous seront désagréables
« ainsi qu'à votre très-humble serviteur.

« J. G. — *Lieutenant-colonel,*
« *commandant le — régiment de dragons.* »

La lecture de cette lettre fit bouillonner le sang de Waverley. Il était accoutumé, dès son enfance, à disposer de son temps comme bon lui semblait; et cette habitude était une des causes qui lui avaient rendu la discipline militaire si désagréable. Il s'était imaginé qu'on n'en agirait jamais rigoureusement envers lui; et l'indulgence passée de son colonel l'avait confirmé dans cette opinion. Rien, selon lui, ne s'était passé qui dût porter son chef à prendre avec lui ce ton si arbitraire et presque insolent, si ce n'était les craintes dont nous avons parlé à la fin du dix-neuvième chapitre. En rapprochant cette manière de lui écrire, des nouvelles contenues dans les lettres qu'il venait de recevoir de sa famille, Édouard supposa facilement qu'on avait le projet de faire peser sur lui le même abus de pouvoir dont se plaignait son père, et que c'était un plan convenu de persécuter et dégrader tous les membres de la famille de Waverley.

Édouard écrivit de suite quelques lignes d'un style très-froid à son colonel; il le remerciait des bontés qu'il avait d'abord eues pour lui, et il témoignait ses regrets de ce qu'il avait pris un ton qui paraissait n'avoir d'autre but que de le dégager de tout lien de reconnaissance. Le style dur de sa lettre autant que ce qu'il croyait être son devoir dans la crise présente lui commandaient de donner sa démission, pour mettre fin à la pénible correspondance qu'il venait d'entamer, et il priait le colonel d'avoir la complaisance d'en faire part à qui de droit.

Lorsqu'il eut terminé cette épitre magnanime, il se trouva un peu embarrassé sur la manière dont il devait rédiger sa démission, et se décida à consulter son ami. Il est bon d'observer en passant, que la promptitude et la hardiesse qui distinguaient toutes les pensées, les paroles et les actions de Fergus, lui avaient donné un véritable ascendant sur l'esprit de Waverley; doué peut-être d'une intelligence égale et même supérieure,

Édouard s'abaissait devant l'activité, la résolution et la hardiesse d'un caractère qui devait une grande partie de sa supériorité à l'habitude d'agir d'après un système régulier, et à une grande connaissance du monde.

Lorsque Édouard rencontra Fergus, ce dernier avait encore à la main les papiers publics qu'il venait de parcourir, et il s'avançait avec l'embarras de quelqu'un qui a de mauvaises nouvelles à communiquer.

— Capitaine Waverley, lui dit-il, vos lettres confirment-elles l'annonce peu agréable que je trouve dans cette feuille?

En même temps il lui remit le journal qui rapportait, dans les termes les plus amers, la disgrace de sir Richard. Cet article était sans doute extrait de quelque gazette de Londres; et le paragraphe était terminé par ces mots remarquables:

« — On dit que ce même Richard, qui a fait tout cela, « n'est pas le seul exemple de l'*honneur versatile* de W-v-r-« l-y-H-n-r. *Voyez* la gazette de ce jour. »

Notre héros chercha d'une main tremblante la colonne indiquée, et lut ce qui suit : « Édouard Waverley, capitaine dans le..... régiment de dragons, prévenu d'avoir prolongé son absence du corps sans permission, destitué. » Puis dans la liste des promotions militaires du même régiment, Édouard lut ce dernier article,
« — Lieutenant Julius Butler nommé capitaine, en rem-« placement d'Édouard Waverley destitué. »

Le cœur de notre héros s'abandonna à tout le ressentiment qu'une insulte si peu méritée, et préméditée selon toute apparence, devait inspirer à un jeune homme qui avait cherché l'honneur, et se voyait ainsi légèrement livré à la honte et à la risée publique. — En comparant la date de la lettre de son colonel avec celle de l'article du journal, il vit que la menace de faire un rapport contre lui avait été mise à exécution sans qu'on eût daigné s'informer si elle lui était parvenue, et s'il se mettrait en devoir d'obéir; il en conclut que c'était un plan concerté pour le déshonorer. Il fit d'inutiles efforts pour cacher l'émotion qui l'oppressait, ses yeux se remplirent de larmes, et il se laissa tomber dans les bras de Fergus.

Mac-Ivor n'avait pas le défaut d'être insensible au chagrin de ses amis. Indépendamment de certains plans qu'il avait formés dans sa tête, Waverley lui inspirait un intérêt vif et sincère. Ce procédé lui paraissait, à lui, aussi extraordinaire qu'à Waverley. Il connaissait, il est vrai, de plus que son ami, les motifs de l'ordre péremptoire de joindre son régiment;—mais que, sans tenir compte des circonstances d'un retard nécessaire, et en contradiction avec son équité bien connue, le colonel en eût agi avec tant de rigueur, c'était un mystère qu'il ne pouvait pénétrer. Il calma cependant notre héros le mieux qu'il put, et commença à tourner son esprit vers l'espoir de la vengeance.

Édouard saisit avidement cette idée. — Me ferez-vous le plaisir, dit-il, de porter un cartel au colonel, cher Fergus? vous me rendrez un service que je n'oublierai de ma vie!

Fergus parut réfléchir. — C'est une preuve d'amitié, dit-il, que vous seriez en droit d'exiger, si elle pouvait être utile ou vous mener à rétablir votre honneur; mais je ne dois pas vous dissimuler que je doute que votre colonel veuille vous rendre raison des mesures qu'il a prises contre vous; car enfin, quelque rigoureuses qu'elles soient, elles ne dépassent pas les bornes de son autorité. Ensuite G.... est un huguenot scrupuleux, qui a adopté certaines idées sur le péché des duels, idées dont il se départira d'autant moins que son courage est à l'abri de tout soupçon. Et d'ailleurs, moi — j'ai.... pour vous dire la vérité.... je n'aimerais pas trop à m'approcher d'une ville de garnison dans les circonstances où nous nous trouvons.

— Je suis donc obligé de supporter tranquillement mon injure!...

— Ce n'est pas mon avis; mais je voudrais que vous vous vengeassiez non sur la main, mais sur la tête, non sur de malheureux instrumens de la tyrannie, mais sur ce gouvernement oppresseur pour qui l'injustice, l'insulte, l'ignominie, ne sont qu'un jeu.

— Sur le gouvernement!

— Oui, sur la maison usurpatrice de Hanovre, que votre grand-père n'aimait pas plus servir, qu'il n'aurait voulu recevoir pour salaire l'or fondu et brûlant du roi des démons.

— Mais depuis le temps de mon grand-père deux générations de cette dynastie ont occupé le trône.

— Je n'en disconviens pas; mais, dites-moi, parce que nous avons donné le temps à ces usurpateurs de montrer leur véritable caractère; parce que nous avons supporté patiemment le joug,..... que nous avons même consenti à accepter d'eux des emplois, ce qui leur a fourni l'occasion de nous insulter et de nous humilier, devons-nous rester insensibles à des injures dont l'idée seule fit frissonner nos pères?.... La cause de la maison de Stuart est-elle moins juste, moins légitime parce qu'elle est représentée par un prince entièrement étranger aux prétendus crimes qu'on a osé reprocher à son père? — Vous souvenez-vous des vers de votre poète favori?

> Si Richard sans contrainte avait quitté le trône :
> Un roi ne peut donner que ce que Dieu lui donne,
> Et par la loi son sceptre à son fils était dû.

Vous voyez, mon cher Waverley, que je puis citer les poètes aussi bien que Flora et vous. Mais venez, dé-ridez ce front chagrin, et rapportez-vous-en à moi sur les moyens de vous venger. Allons trouver ma sœur, qui nous donnera des détails sur tout ce qui s'est passé pendant notre absence ; mais d'abord ajoutez un postscriptum à votre lettre pour marquer l'époque de la réception des premiers ordres de votre calviniste de colonel; dites-lui que son procédé a été si prompt, qu'il vous laisse le regret de ne l'avoir pas prévenu en lui envoyant votre démission, et laissez-le rougir de son injustice.

La démission en règle de Waverley fut donc insérée dans la lettre, qui fut ensuite cachetée. Mac-Ivor confia le paquet, qui contenait aussi quelques lettres de lui, à un messager spécial, qui reçut l'ordre de le porter au bureau de poste le plus voisin dans les Lowlands.

CHAPITRE XXVI.

Eclaircissemens.

Ce n'était point sans intention que le Chieftain venait de parler de Flora; il avait observé avec plaisir l'attachement toujours croissant du jeune Anglais pour sa sœur; ne voyant d'autre obstacle à leur union que l'emploi que le père de Waverley occupait dans le ministère, et le grade d'Édouard lui-même dans l'armée de Georges II. Ces obstacles étaient alors écartés, et d'une manière qui du moins semblait préparer le fils de M. Richard Waverley à reconnaître une autre dynastie. Ce mariage d'ailleurs ne pouvait lui être que très-avantageux sous tous les autres rapports. L'avenir et le bonheur de sa sœur, qu'il aimait tendrement, lui paraissaient devoir être assurés par une semblable union ; il se félicitait aussi, en songeant combien l'ex-monarque auquel il avait consacré ses services lui saurait gré de cette alliance avec une de ces anciennes et nobles familles de Cavaliers, dont il était si important de réveiller les sentimens pour la famille des Stuarts. Fergus n'apercevait du reste aucun obstacle à ce projet. Waverley aimait évidemment miss Mac-Ivor ; et comme sa personne était agréable et que ses goûts paraissaient en harmonie avec ceux de Flora, il ne pouvait prévoir d'objection de la part de sa sœur. Dans le fait, dominé par ses idées d'autorité patriarcale et par celles que son séjour en France lui avait données sur le droit de disposer de la main des femmes sans leur consentement, cette alliance eût été moins sortable, que, quelque chère que Flora lui fût, l'opposition qui serait venue d'elle aurait été le dernier obstacle auquel il se serait attendu.

Tout entier à ces idées, le chef conduisit Waverley auprès de miss Mac-Ivor, non sans espérer que l'émotion qui agitait son hôte en ce moment lui donnerait le courage de sauter par-dessus ce que Fergus appelait le roman de l'amour. Ils trouvèrent Flora avec ses deux fidèles suivantes Una et Cathleen, occupées à préparer ce qui parut à Waverley être des rubans de noces. Dissimulant aussi bien qu'il put le trouble de son esprit, Édouard demanda pour quel joyeux événement miss Mac-Ivor faisait tous ces préparatifs.

— Pour la noce de Fergus, répondit Flora en souriant.

— En vérité? Il a bien gardé le secret; j'espère qu'il m'accordera la faveur d'être son garçon de noce.

— C'est le rôle d'un homme; et cependant ce ne sera pas le vôtre, comme dit Béatrix (1).

— Et quelle est sa belle fiancée?

— Ne vous ai-je pas dit que la Gloire était la fiancée de mon frère?

— Serais-je indigne de l'accompagner, de lui servir de confident dans la poursuite de la Gloire? Ah! miss Mac-Ivor, ai-je le malheur d'être si mal dans votre esprit?

— Loin de là, capitaine Waverley; plût au ciel que vous fussiez des nôtres!... Si je me suis servie d'une expression qui vous a déplu, c'est parce que,

> Vous n'êtes pas encor sous nos drapeaux admis;
> Nous ne voyons en vous qu'un de nos ennemis.

— Ce temps est passé ma sœur!... et vous pouvez féliciter Édouard Waverley (qui n'est plus le capitaine Waverley), d'être délivré de la servitude d'un usurpateur, dont cette cocarde noire était le sinistre emblème.

— Oui, dit Édouard arrachant la cocarde noire de son chapeau; il a plu au roi qui m'avait remis ce gage, de le reprendre d'une manière qui ne me laisse pas le moindre regret.

— Dieu soit loué! s'écria la belle enthousiaste! puissent-ils être toujours assez aveugles pour traiter avec la même indignité ceux qui les servent, afin que j'aie moins à gémir quand le jour de la lutte viendra.

— Et maintenant, ma sœur, hâtez-vous de remplacer

(1) *Beaucoup de bruit pour rien.* SHAKSPEARE. Béatrix, pendant une partie de la pièce, joue le rôle d'une indifférente qui rit volontiers de l'amour et du mariage. — ÉD.

sa cocarde par une autre d'une couleur plus gaie. C'était la mode jadis, chez les dames, d'armer leurs chevaliers, et de les envoyer aux nobles entreprises.

— Mais ce n'était que lorsque le chevalier avait bien pesé la justice et les dangers de la cause. Dans ce moment, M. Waverley est agité par une injure toute récente, pourquoi le presser de prendre une résolution d'une telle importance.

Édouard, d'abord à demi épouvanté par l'idée d'adopter une cocarde qui, aux yeux de la majorité du royaume, était un signe de rébellion, ne put déguiser le chagrin que lui causait la froideur avec laquelle miss Mac-Ivor avait accueilli la proposition de son frère : — Je m'aperçois, dit-il avec quelque amertume, que miss Mac-Ivor trouve le chevalier indigne de ses encouragemens.

— Nullement, M. Waverley, dit-elle avec beaucoup de douceur; pourquoi refuserais-je au digne ami de mon frère un don que je me plais à faire indistinctement à tous les membres de mon clan! Je n'ai pas de plus grand plaisir que d'attacher un homme d'honneur au parti embrassé par Fergus; mais il s'est décidé les yeux ouverts; sa vie a été dévouée à cette cause depuis son berceau; pour lui c'est une cause sacrée, l'appelât-elle à la mort; mais comment puis-je désirer de vous voir vous jeter dans une entreprise désespérée, vous, M. Waverley, à peine entré dans le monde, loin des amis dont les conseils pourraient et devraient seuls vous guider, — et cela lorsque vous êtes sous l'influence d'un dépit récent!

Fergus, qui ne pouvait comprendre de tels scrupules, allait et venait dans l'appartement, se mordant les lèvres, et puis il dit avec un sourire forcé : — Très-bien, ma sœur, très-bien : j'aime à vous voir remplir le rôle de médiatrice entre l'électeur de Hanovre et les sujets de votre légitime souverain et bienfaiteur : après ces mots, Fergus sortit.

— Mon frère est injuste, dit Flora après quelques momens d'un pénible silence ; il ne peut souffrir qu'on arrête le feu de son enthousiasme.

— Ne partagez-vous pas son ardeur de royalisme ?

— Moi! ah! Dieu sait que mon zèle surpasse le sien, s'il est possible ; mais je ne suis pas comme lui étourdie par le tumulte des préparatifs militaires et par les nombreux détails de notre entreprise, qui l'empêchent de considérer les grands principes de justice et de loyauté sur lesquels elle repose. Des mesures justes et loyales peuvent seules en assurer le succès ; ce serait s'écarter de ces principes, selon moi, que de vous engager dans une démarche définitive dont vous n'auriez pas examiné la justice ou le danger.

— Incomparable Flora ! s'écria Waverley en prenant sa main, combien j'ai besoin d'un tel conseiller !

— Vous en avez un meilleur de beaucoup, répondit Flora en retirant doucement sa main ; M. Waverley le trouvera toujours dans son propre cœur quand il voudra permettre à sa conscience d'élever la voix.

— Non, miss Mac-Ivor, je n'ose l'espérer ; une continuelle indulgence pour mes rêveries romanesques a fait de moi l'enfant de l'imagination plutôt que de la raison. Si je pouvais espérer — si je pouvais penser — que vous daigneriez être pour moi cet ami affectueux qui me donnerait la force de racheter mes erreurs, — toute ma vie....

— Arrêtez, mon cher monsieur; je vois que le plaisir d'avoir échappé à un recruteur jacobite ne met plus de bornes à votre reconnaissance.

— Chère Flora! cessez de me répondre sur le ton de la plaisanterie; vous ne pouvez plus vous méprendre sur les sentimens que j'éprouve, et dont le secret m'est échappé presque malgré moi.... Mais j'ai osé parler!.... que je profite de cette hardiesse. — Dites, puis-je parler à votre frère?

— Pour rien au monde, M. Waverley!

— Que dites-vous! y aurait-il une barrière fatale?... Votre cœur ne serait-il plus libre?

— Il l'est: je crois devoir vous avouer franchement que je n'ai jamais vu personne à qui j'aie seulement pensé avec cette idée....

— Je conviens qu'il y a si peu de temps que je vous connais.... Si miss Mac-Ivor daignait m'accorder le temps....

— Je n'aurai point recours à cette excuse; votre caractère est si franc, il est tel, en un mot, qu'on n'a pas de peine à distinguer ses qualités et ses faiblesses.

— Et ses faiblesses vous le font mépriser!

— Vous ne me rendez pas justice, monsieur Waverley... rappelez-vous, je vous prie, qu'il n'y a pas une demi-heure qu'il y avait entre nous une barrière insurmontable, et que je ne pouvais regarder un officier au service de l'électeur de Hanovre que comme une connaissance due au hasard... Donnez-moi le temps de recueillir mes idées; je ne vous demande qu'une heure pour répondre à vos questions... J'ose espérer que vous serez content de ma franchise, si vous ne l'êtes pas de ma décision. A ces mots, Flora laissa Waverley réfléchir à son aise sur la manière dont elle avait reçu sa déclaration.

Pendant qu'il cherchait à saisir le véritable sens de tout ce qu'elle lui avait dit, et que son cœur flottait entre la crainte et l'espérance, Fergus entra : — Quoi ! Waverley, dit-il, *à la mort !* suivez-moi dans la cour, je vais vous faire jouir d'un coup d'œil qui vaut toutes les tirades de vos romans... Cent fusils, autant de claymores, envoyés par de bons amis... deux ou trois cents braves se les disputant.... Mais que je vous examine de plus près... Grand Dieu ! Eh ! un vrai Highlander dirait que vous avez été frappé par un mauvais œil (1). Serait-ce cette folle qui vous a mis dans cet état ? N'y pensez plus, cher Édouard ; les femmes les plus sages ne sont que des enfans dans les affaires de la vie.

— Vraiment, mon cher ami, si j'avais un reproche à faire à votre aimable sœur, dit Édouard, ce serait d'être trop raisonnable...

— Ce n'est que cela...! je vous parie un louis d'or de la faire complètement changer d'humeur dans vingt-quatre heures. Flora ne démentira pas son sexe, et, si vous le voulez, vous la verrez aussi déraisonnable que

---

(1) On attribue à la personne qui porte un *mauvais œil* le pouvoir de frapper de maladie, de folie même, ceux qu'elle regarde. La superstition du *mauvais œil* est de la plus haute antiquité. Le berger de Virgile attribue la langueur de ses agneaux à un *mauvais œil*.

Nescio quis teneros oculus mihi fascinat agnos.

Byron a donné un *mauvais œil* à son Giaour. Cette exagération de la puissance d'un regard sinistre est facilement comprise.

Éd.

femme au monde... Oh, mon cher Édouard! je veux vous apprendre à agir *en mousquetaire* avec le sexe..... En parlant ainsi, il entraînait Waverley par le bras, pour lui montrer ses préparatifs de guerre.

CHAPITRE XXVII.

Continuation du même sujet.

Fergus Mac-Ivor avait trop de tact et de délicatesse pour renouer la conversation sur le même sujet; sa tête paraissait si occupée de fusils, de claymores, de toques, de cantines et d'étoffes de tartan, que Waverley ne put de quelque temps appeler son attention sur autre chose.

— Avez-vous le projet de vous mettre en campagne, Fergus, aussi promptement que ces préparatifs sembleraient l'annoncer?

— Lorsque vous m'aurez promis de m'accompagner, je vous dirai tout; jusque-là mes confidences ne pourraient que vous nuire.

— Penseriez-vous sérieusement à vouloir renverser

un gouvernement établi, avec une poignée d'hommes ? C'est une vraie folie!

— *Laissez faire à don Antoine.* J'aurai soin de moi.... Nous ferons comme Conan, qui ne reçut jamais un coup sans en rendre deux. Je serais cependant fâché que vous me prissiez pour un fou qui ne sait ni attendre ni saisir l'occasion favorable.... Je ne détache mes chiens que lorsque le gibier est parti.... Encore une fois, me promettez-vous d'être des nôtres, et je vous dirai tout?

— Puis-je le faire? Moi qui avais naguère une commission d'officier que je viens à peine de renvoyer par la poste à ceux de qui je la tenais. En l'acceptant n'avais-je pas promis fidélité, n'avais-je pas reconnu la légitimité du gouvernement établi?

— Les promesses téméraires ne sont pas des menottes de fer (1); on peut s'en dégager, surtout quand la déception nous les fit prononcer, et qu'on nous a payés avec des insultes. Mais si vous ne pouvez vous décider sur-le-champ à une vengeance glorieuse, partez pour l'Angleterre : à peine aurez-vous passé la Tweed, que vous apprendrez des nouvelles qui feront du bruit par le monde; et si sir Everard est le brave cavalier dont j'ai entendu parler par quelques-uns de nos *honnêtes* (2) gentilshommes de l'année 1715, il vous donnera un plus beau régiment de cavalerie que celui que vous venez de quitter, et qui servira une meilleure cause.

(1) Proverbe écossais, pour dire qu'on n'est pas lié par un serment téméraire. — Éd.

(2) L'auteur met en italique ce mot, parce que c'est une épithète de parti qui servait à désigner les Torys ou *royalistes*. M. de Chateaubriand a dit : *La Charte et les honnêtes gens*. — Éd.

— Mais votre sœur, Fergus !

— O démon hyperbolique ! comme tu tourmentes cet homme !... Ne savez-vous parler d'autre chose que des dames ?

— Parlons sérieusement, mon cher ami : je ne puis me dissimuler que le bonheur de ma vie dépend de la réponse que va faire miss Mac-Ivor à ma demande de ce matin.

— Parlez-vous sérieusement, ou sommes-nous dans le pays des fictions et des romans ?

— Sérieusement, sans doute : me supposeriez-vous capable de plaisanter sur une pareille matière ?

— Dans ce cas, très-sérieusement, je suis enchanté de ce que vous venez de me dire. J'ai une si haute idée de Flora, que vous êtes le seul Anglais à qui je voulusse faire un aveu semblable. Mais, avant de me secouer si affectueusement la main, ne vaudrait-il pas mieux examiner si votre famille se trouvera très-honorée de compter parmi ses membres la sœur d'un noble *gueux* des Highlands (1) ?

— La position de mon oncle, ses opinions politiques et son indulgence constante, m'autorisent à vous dire qu'il n'aura égard, dans une telle alliance, qu'aux qualités personnelles et à la naissance ; où peut-on les trouver réunies à un si haut degré que dans votre aimable sœur ?

— Oh ! nulle part... : *cela va sans dire ;* mais vous avez besoin de l'autorité de votre père.

— Je le sais : mais la disgrace qu'il vient d'éprouver

(1) Fier et *pauvre* comme un Higlander est un proverbe connu en Angleterre. — Éd.

ne me permet pas de craindre la moindre objection; d'ailleurs je suis persuadé que mon oncle plaiderait chaudement ma cause.

— La religion peut-être, quoique nous ne soyons pas des catholiques bigots....

— Ma grand'mère était aussi de l'église de Rome, et sa religion ne l'empêcha pas d'entrer dans notre famille. Soyez sans inquiétude, cher Fergus, sur le consentement de mes parens; aidez-moi plutôt à déterminer votre aimable sœur.

— Mon aimable sœur, comme son tendre frère, est assez portée à ne prendre conseil que d'elle-même, et sa décision doit être votre loi; cependant je vous offre avec plaisir mes services et mes avis..... Et en premier lieu il est bon que vous sachiez que toutes ses affections se trouvent concentrées dans son amour pour la famille de son roi. Depuis qu'elle a su lire, elle a toujours montré le plus grand respect et le plus vif attachement pour la mémoire du brave capitaine Wogan, qui, renonçant au service de l'usurpateur Cromwell pour se ranger sous les drapeaux de Charles II, amena un corps de cavalerie de Londres aux Highlands, se joignit à Middleton, alors armé pour le monarque, et mourut glorieusement pour la cause royale. Demandez-lui de vous montrer les vers qu'elle a faits sur cette histoire; je vous assure qu'ils ont déjà été beaucoup admirés...... En second lieu...... Mais je crois avoir vu Flora du côté de la cascade; allez, allez la trouver, allez; ne donnez pas à l'ennemi le temps de se reconnaître, forcez-le dans ses retranchemens; *alerte, à la muraille!* Allez trouver Flora; apprenez d'elle sa décision le plus tôt possible, et que Cupidon soit avec vous, pendant que je vais examiner mes caisses de cartouches et mes ceinturons.

Waverley gravit le sentier du Glen, palpitant d'inquiétude. L'amour, avec son cortège romanesque d'espérances, de craintes et de désirs, avait à lutter en lui contre des sentimens plus difficiles à définir. Il réfléchissait combien son sort avait changé en quelques heures, et dans quelle complication d'embarras il allait se jeter probablement. Le matin l'avait vu en possession d'un rang honorable dans la noble carrière des armes; son père paraissait devoir s'avancer rapidement dans la faveur de son souverain.... Tout cela avait passé comme un rêve !..... Son père était disgracié, lui-même déshonoré..... et il était déjà le confident, sinon le complice, d'un plan dangereux de conspiration qui allait ou renverser le gouvernement qu'il avait servi jusque-là, ou entraîner la perte de tous ceux qui y auraient trempé. En supposant que la réponse de Flora fût favorable, pouvait-il espérer de réaliser ses projets de bonheur au milieu du tumulte d'une insurrection imminente? Oserait-il lui proposer de quitter Fergus qu'elle aimait si tendrement, et de le suivre en Angleterre, pour y attendre sans danger la réussite de l'entreprise de son frère ou la ruine totale de sa fortune et de tous ses projets ? — ou, d'un autre côté, sans autre secours que son bras, s'engagerait-il dans les projets imprudens et dangereux du chef? — Se laisserait-il entraîner par lui, associé à tous ses mouvemens impétueux, renonçant presque à son libre arbitre quand il s'agirait de juger de la prudence de ses actions ? — Ce n'était pas là une perspective flatteuse pour l'orgueil secret d'Édouard. — Cependant quelle autre alternative lui restait donc si ce n'est le refus positif de Flora, alternative qui déchirait son cœur d'une angoisse trop cruelle dans l'exaltation de ses sentimens actuels.

Flore était seule, et, dès qu'elle l'eut aperçu, elle se leva pour aller au-devant de lui. Édouard voulut commencer par un de ces complimens à l'usage de la conversation ordinaire; mais il n'en eut pas la force. Il crut remarquer du trouble et de l'embarras sur le visage de Flora; mais elle se remit aussitôt, et, ce qui fut un mauvais augure pour Édouard, elle fut la première à revenir sur le sujet de la dernière entrevue.

— M. Waverley, dit-elle, je crois qu'il est de la plus haute importance pour vous et pour moi que je ne vous laisse pas le moindre doute sur la nature de mes sentimens.

— Ah! je vous conjure, ne vous hâtez pas de prononcer votre jugement s'il ne m'est pas favorable, comme je n'ai que trop de raison de le craindre; donnez-moi le temps de vous prouver par ma conduite.... permettez à votre frère.....

— M. Waverley, je sens que je serais coupable à mes propres yeux si je différais un seul instant de vous avouer que je ne pourrai jamais avoir pour vous d'autre sentiment que celui de l'amitié. Je vois que cet aveu vous fait de la peine : j'en suis sincèrement fâchée; mais plutôt aujourd'hui que plus tard. M. Waverley, peut-on mettre en comparaison la vive douleur que vous éprouvez momentanément, avec les longs chagrins d'une union mal assortie?

— Ah! grand Dieu! pourquoi parler d'union mal assortie? Ne sommes-nous pas égaux en naissance, en fortune? N'avons-nous pas, si j'ose le dire, les mêmes goûts? Quelle peut donc être la véritable cause de votre refus, quand vous avez une opinion si favorable de celui que vous rejetez?.....

— M. Waverley, j'ai si bonne opinion de vous, que, quoique j'eusse le projet de garder le silence sur les causes de ma détermination, je n'hésite pas à vous les confier si vous exigez cette marque d'estime et de confiance.

Elle s'assit sur le fragment d'un rocher, et Waverley prit place auprès d'elle, attendant avec l'inquiétude la plus pénible l'explication qu'elle venait de lui promettre.

— Je ne sais, dit-elle, si je pourrai parvenir à vous faire connaître la véritable nature de mes sentimens, tant ils ressemblent peu à ceux des jeunes personnes de mon âge. Je n'oserai parler des vôtres, de peur de vous blesser en cherchant à vous donner quelque consolation. Quant à moi, depuis ma plus tendre enfance jusqu'à ce jour, mon cœur n'a eu qu'un seul désir, celui de voir la famille de nos augustes bienfaiteurs rétablie sur le trône. Il m'est impossible de vous exprimer toute l'énergie de ce sentiment unique de mon ame; j'avoue qu'il absorbe tous les autres, et qu'il ne m'a jamais permis de m'occuper de ce qu'on appelle mon établissement. Pourvu que je voie cette heureuse restauration, une cabane en Écosse, un palais en Angleterre, ou un couvent en France, me sont indifférens.

— Mais, chère Flora, dites-moi, de grace, pourquoi votre enthousiasme pour les Stuarts vous paraît-il incompatible avec mon bonheur?

— Parce que vous aurez droit d'attendre de l'objet de votre choix un cœur qui mette toute sa félicité à faire la vôtre, même d'après les idées romanesques que vous avez adoptées. Un homme qui n'aurait pas votre sensibilité, votre enthousiasme, votre manière délicate de voir et de sentir, pourrait peut-être trouver sinon le bonheur, du moins la satisfaction auprès de Flora Mac-Ivor, parce qu'elle ne s'écarterait jamais des devoirs qu'elle aurait contractés.

— Dites-moi, je vous en supplie, pourquoi vous croyez que vous feriez plutôt le bonheur d'un homme qui saurait moins vous aimer et moins vous admirer que je ne le ferais moi-même?

— Parce que nos sentimens seraient plus en harmonie; sa sensibilité moins vive ne me demanderait pas cette tendresse exaltée que je ne serais pas à même de lui rendre. Quant à vous, M. Waverley, vous auriez toujours devant les yeux le bonheur domestique tel que vous l'a peint votre imagination. Tout ce qui serait au-dessous de ce tableau idéal vous paraîtrait froideur et indifférence; et vous seriez jaloux de mon enthousiasme pour la famille royale comme si c'était un vol fait à la réciprocité d'affection que vous vous croiriez en droit d'attendre.

— C'est-à-dire, miss Mac-Ivor, qu'il vous est impossible de m'aimer!

— Je puis vous estimer comme jamais homme ne l'a été; mais je ne puis vous aimer comme vous méritez de l'être. A Dieu ne plaise que je vous expose à cette dangereuse épreuve! La femme que vous honorerez de votre choix doit modeler ses affections et ses opinions sur les vôtres; ses désirs, ses sentimens, ses espérances, ses craintes, ne doivent être inspirés que par vous; elle doit doubler vos plaisirs et charmer vos chagrins en les partageant.

— Ah ! pourquoi ne réalisez-vous pas vous-même ce tableau que vous décrivez si bien !

— Je vois que vous ne me comprenez pas. Ne vous ai-je pas dit que toutes les affections de mon ame se trouvent concentrées dans le succès d'une entreprise à laquelle je ne puis contribuer que par mes ardentes prières ?

— En cédant à mes sollicitations ne pourriez-vous pas servir la cause à laquelle vous êtes dévouée. Ma famille, riche, puissante, est attachée par principes aux Stuarts ; et si une occasion favorable....

— Attachée par principes aux Stuarts !.... et si une occasion favorable !.... Ah ! devinez donc tout ce que j'aurais à souffrir si je devenais membre d'une maison où j'entendrais les droits que je regarde comme sacrés, soumis à une froide discussion et jugés dignes d'être soutenus, alors seulement qu'ils seraient sur le point de triompher d'eux-mêmes.

— Vos doutes sont injustes pour ce qui me concerne, répondit vivement Waverley ; je crois ne manquer ni de courage ni de loyauté.

— Je le sais, je le sais ; mais consultez la froide raison, plutôt que de vous laisser entraîner par un penchant irréfléchi dû au seul hasard qui vous a fait rencontrer dans un asile solitaire et romantique une jeune fille qui n'est pas tout-à-fait dépourvue d'agrémens. Ne vous décidez à prendre part à ce drame terrible que d'après votre entière conviction, et non par suite de sentimens impétueux que le temps ne peut manquer d'affaiblir.

Waverley n'eut pas la force de répondre. Les sentimens que Flora venait de lui peindre justifiaient toute son admiration pour elle. Car son loyalisme, tout exalté qu'il était, était noble et généreux ; elle dédaignait de se prévaloir d'aucun avantage indirect pour soutenir la cause à laquelle elle s'était consacrée.

Ils marchèrent silencieusement pendant quelques minutes.

—M. Waverley, dit Flora, encore un mot sur un sujet dont nous ne parlerons plus. Excusez ma hardiesse, je vous prie, si ce dernier mot a l'air d'un conseil. Mon frère désire ardemment vous voir partir avec lui ; n'en faites rien. Le secours de votre personne seule n'avancerait pas la réussite de son entreprise ; mais vous partageriez sa perte, s'il plaisait à Dieu de le faire succomber ;.... vous feriez aussi un tort irréparable à votre réputation.... Permettez-moi de vous prier de retourner dans votre pays natal. Lorsque vous aurez prouvé publiquement que vous êtes dégagé de tous les liens qui vous attachaient à l'usurpateur, j'ose espérer que vous profiterez de la première occasion favorable pour servir utilement votre légitime souverain ; et qu'à l'exemple de vos braves ancêtres, et en digne représentant de la famille de Waverley, vous vous mettrez à la tête de vos tenanciers et vassaux naturels.

— Si j'avais le bonheur de me distinguer dans cette entreprise, pourrais-je espérer.....

— Excusez-moi, je vous prie, si je vous interromps : il n'y a que le moment présent qui soit à nous. Je ne puis que vous exposer franchement les véritables sentimens de mon cœur : dois-je altérer leur pureté en me liant par des promesses dont l'accomplissement ne dépendra pas de moi ?.... Soyez bien persuadé, M. Waverley, qu'après la gloire de mon frère il n'y a rien au monde que je désire aussi sincèrement que votre bonheur ; je ne cesserai de le demander au ciel.

En finissant ces mots, Flora s'éloigna. Ils étaient parvenus à un double sentier ; Édouard entra au château, accablé sous le poids de ses réflexions. Il évita la rencontre de Fergus, parce qu'il ne se sentait pas la force de supporter ses plaisanteries, ni de résister à ses sollicitations. Le tumulte et la confusion du festin (car Fergus tenait table ouverte pour son clan) l'aidèrent à s'étourdir. Lorsque le repas fut fini, il s'occupa des moyens de parler encore une fois à miss Mac-Ivor ; il l'attendit inutilement pendant plusieurs heures, il ne la vit point paraître. Fergus n'avait pu cacher son mécontentement, en apprenant de Cathleen que Flora désirait rester seule dans son appartement. Il monta chez elle ; mais sans doute toutes ses remontrances furent inutiles, puisqu'il rentra dans la salle avec toutes les marques d'un véritable mécontentement : le reste de la soirée se passa entre Fergus et Waverley sans la moindre allusion, de part ni d'autre, à l'objet qui occupait toutes les idées du dernier et peut-être de tous deux.

Lorsque Édouard fut seul dans sa chambre, il se mit à récapituler les événemens de la journée. Il ne pouvait douter que Flora persisterait, pour le présent du moins, dans son refus : mais pouvait-il espérer plus de succès si les circonstances lui permettaient de renouveler ses démarches. Son enthousiasme de loyalisme, qui, dans ce moment critique, ne laissait aucune place dans son cœur pour une passion plus douce, serait-il aussi exigeant et exclusif après le succès ou la ruine de ses espérances politiques. L'intérêt qu'elle lui avait témoigné ne pourrait-il pas alors se convertir en un sentiment plus tendre.

Il chercha à se rappeler tous les mots dont Flora s'était servie, le ton de sa voix, ses gestes, son regard; mais il se trouvait toujours dans le même état d'incertitude. Malgré les peines et les agitations qu'il avait éprouvées dans la journée, il ne s'endormit que fort tard.

CHAPITRE XXVIII.

Une lettre de Tully-Veolan.

Sur le matin, quand les réflexions confuses de Waverley eurent fait place au sommeil, il lui sembla entendre une musique dans ses rêves, mais non la voix de *Selma* (1). Il s'imagina qu'il était de retour à Tully-Veolan, et qu'il entendait Davie Gellatley chantant ces chansons matinales, premiers sons qui ordinairement troublaient son repos chez le baron de Bradwardine. Les accens qui causaient ce rêve continuèrent, et finirent par éveiller Édouard tout de bon : cependant sa vision ne parut pas entièrement évanouie. Il était bien dans

(1) La voix de Selma, c'est-à-dire la musique du palais de Fingal. On sait que Selma était le rendez-vous des bardes, etc., etc.
— Éd.

son appartement de la tour de Ian-Nan-Chaistel; mais c'était réellement la voix de Davie Gellatley qui faisait retentir les vers suivans sous ses fenêtres : —

> Mon cœur est aux Highlands, mon cœur n'est pas ici;
> Mon cœur est aux Highlands chassant le daim timide;
> Chassant le daim timide et le chevreuil aussi;
> Mon cœur est aux Highlands, c'est lui seul qui me guide.

Curieux de connaître ce qui avait pu déterminer M. Gellatley à une excursion beaucoup plus longue qu'aucune de celles qu'il faisait habituellement, Édouard se hâta de s'habiller, et pendant ce temps-là Davie changea d'air et de paroles plus d'une fois : —

> On ne voit aux Highlands que ciboule et poreau,
> Nos braves ont besoin de culottes nouvelles,
> Leurs jambes sont à nu, leurs pieds sont sans semelles;
> Il est temps que Jamy (1) règne enfin de nouveau.

Avant que Waverley fût habillé et pût descendre, Davie s'était associé à deux ou trois des nombreux oisifs des Highlands qui ornaient toujours de leur présence la porte du château, et il sautait et dansait gaiement sa partie dans un *reel* (2) écossais à quatre, en sifflant lui-même la musique. Il continua ce double exercice jusqu'à ce qu'il fût remplacé dans sa fonction de musicien par un joueur de cornemuse qui observait son ardeur et qui obéit à l'appel unanime de *Seid suas* (*souffle cornemuse*). Jeunes et vieux se mirent à danser. L'apparition de Waverley n'interrompit point la joyeuse occupation de Gellatley; seulement Davie lui fit comprendre

(1) *Jamie*, diminutif familier de James, le roi Jacques. — Éd.
(2) *Reel*, espèce de danse nationale. — Éd.

qu'il le reconnaissait, par ses grimaces, ses signes de tête, et les graces qu'il se donna pour exécuter le balancement de la danse highlandaise. Ensuite, sans cesser de se trémousser, de fredonner ou de crier, de faire claquer ses doigts sur sa tête, et d'observer la mesure, comme Arlequin dans une pantomime, il prolongea soudain son *chassez-croisez* jusqu'à l'endroit où était notre héros, et lui remit une lettre. Édouard, qui reconnut sur l'adresse l'écriture de Rose, se retira pour en faire lecture, laissant le fidèle messager continuer ses exercices sans interruption jusqu'à ce que le joueur de cornemuse et lui fussent fatigués.

Le contenu de cette lettre le surprit beaucoup. Elle avait été commencée par *dear Sir* (*cher Monsieur*); mais ces deux mots effacés avec soin étaient remplacés par le monosyllabe *Sir* (*Monsieur*). Nous transcrirons tout le reste de la lettre de Rose.

« Monsieur,

« Je crains de prendre une liberté indiscrète en vous
« importunant de ma lettre; mais je ne puis m'adresser
« qu'à vous directement pour vous faire savoir certaines
« choses arrivées ici, et dont il est nécessaire que vous
« soyez informé. Si j'ai tort en vous écrivant, veuillez
« me le pardonner, M. Waverley; car, hélas! je n'ai
« pu prendre avis que de mes propres sentimens. —
« Mon tendre père n'est plus ici.... et Dieu seul sait
« quand il reviendra pour me protéger et me défendre!...
« Vous avez sans doute entendu dire que par suite
« de quelques nouvelles, venues dernièrement des High-
« lands, on a lancé des mandats d'arrêt contre plu-
« sieurs gentilshommes; et malheureusement mon père

« est du nombre. Malgré mes larmes et mes prières,
« mon père a refusé de se rendre. Il s'est joint à M. Fal-
« coner et à quelques autres de leurs amis, pour fuir
« vers le nord, avec une troupe de quarante cavaliers
« environ. Je suis moins inquiète pour la sûreté de mon
« père dans le moment présent, que pour les suites
« qui peuvent en résulter, car les troubles ne font que
« de commencer. Tous ces détails sont peu intéressans
« pour vous, M. Waverley, mais j'ai cru que vous ap-
« prendriez avec plaisir que votre ami n'avait rien à
« craindre pour sa vie, en supposant que vous eussiez
« appris le danger qu'il courait.

« Le lendemain du départ de mon père, un détache-
« ment de soldats vint à Tully-Veolan : le bailli Mac-
« wheeble fut traité durement par eux, mais l'officier
« eut beaucoup d'égards pour moi ; il me témoigna qu'il
« était fâché d'être obligé de faire des recherches pour
« les armes et pour les papiers. Mon père avait eu la
« précaution de faire emporter toutes les armes, excepté
« les vieilles armures rouillées qui sont suspendues dans
« la salle, et il avait caché tous ses papiers. Mais hélas !
« M. Waverley, comment vous dirai-je qu'on fit des
« questions très-précises à votre sujet ; qu'on demanda
« l'époque où vous aviez quitté Tully-Veolan, et l'en-
« droit que vous habitiez maintenant? L'officier est parti
« avec son détachement, mais il a laissé une garnison
« de quatre hommes, commandés par un caporal. Ils
« se sont très-bien comportés jusqu'à ce jour ; car nous
« sommes forcés de leur faire bonne mine. Ces soldats
« ont donné à entendre que vous seriez en grand danger
« si vous tombiez entre leurs mains. Je n'ose vous rap-
« porter toutes les étranges nouvelles qu'ils ont débi-

« tées ; je suis persuadée qu'il n'y a pas un mot de vrai
« dans tout ce qu'ils ont dit. Quoi qu'il en soit, vous sa-
« vez mieux que moi ce que vous devez faire. Le déta-
« chement a emmené votre domestique et vos deux
« chevaux, et il a emporté tout ce que vous aviez laissé
« à Tully-Veolan. J'ose espérer que le ciel vous proté-
« gera, qu'il vous conduira sain et sauf en Angleterre,
« où vous me disiez qu'il n'y avait ni oppression mili-
« taire, ni combats entre les clans, mais que tout se
« faisait selon la loi, égale pour tous et protectrice de
« l'innocent. J'ose encore espérer que vous excuserez la
« liberté que j'ai prise de vous écrire ; car, si je ne me
« trompe, j'ai dû le faire, puisque votre honneur et votre
« sûreté personnelle étaient compromis. Je suis sûre, je
« pense du moins que mon père approuverait cette lettre.
« M. Rubrick s'est réfugié auprès de son cousin à Du-
« chran, pour n'être pas exposé aux mauvais traitemens
« des soldats et des Whigs. Le bailli Macwheeble n'aime
« pas à se mêler, dit-il, des affaires des autres ; quoique
« ce ne soit pas, j'espère, une indiscrétion de rendre
« service dans un temps comme celui-ci à un ami de
« mon père.

« Adieu, capitaine Waverley, il est probable que je ne
« vous reverrai plus : et ce ne serait pas le cas de désirer
« que vous vinssiez maintenant à Tully-Veolan, quand
« même les soldats n'y seraient plus ; mais je me sou-
« viendrai toujours avec reconnaissance de tous les soins
« complaisans que vous avez eus pour votre pauvre éco-
« lière, et de vos attentions pour mon père, mon père
« chéri. Je reste votre servante dévouée.

« Rose Comyne Bradwardine.

« *P. S.* Aurez-vous la complaisance de me répondre

« un mot par le retour de Davie Gellatley, rien que
« pour m'apprendre que vous avez reçu ma lettre, et
« que vous aviserez aux moyens de vous mettre à l'abri.
« Veuillez m'excuser si je vous supplie de ne prendre
« part à aucune de ces cabales malheureuses, mais de
« partir le plus tôt possible pour votre heureuse patrie.
« Mes complimens à ma chère Flora et à Glennaquoich;
« n'est-elle pas belle et accomplie, comme je vous l'ai
« dépeinte? »

Ainsi se terminait la lettre de Rose Bradwardine, qui affligea notre héros aussi vivement qu'elle le surprit. Que le baron eût inspiré des soupçons au gouvernement, par suite de l'agitation qui se manifestait parmi les partisans de la maison de Stuart, rien n'était plus naturel : mais il ne pouvait concevoir comment on avait pu l'envelopper *lui* dans ces soupçons, puisque sa conscience lui rendait le témoignage que, jusqu'à ce jour, il ne s'était permis d'élever aucune pensée contre la prospérité de la famille régnante. A Tully-Veolan comme à Glennaquoich, ses hôtes avaient religieusement respecté le serment qui le liait au gouvernement de fait, quoiqu'il ne pût pas ignorer, par plus d'un incident, que le baron et le chef étaient parmi ces gentilshommes contraires à la maison de Hanovre, qui étaient nombreux en Écosse, — néanmoins, jusqu'au moment où ses relations avec l'armée avaient été rompues par sa destitution, il n'avait pas eu le moindre motif de supposer qu'ils nourrissaient dans leur cœur des projets hostiles.

Édouard ne put se dissimuler qu'à moins d'embrasser ouvertement le parti de Fergus Mac-Ivor, il se compromettrait en restant dans son voisinage, et qu'il devait partir sans délai pour demander l'examen de sa conduite. En prenant cette résolution, il se conformait aux avis de Flora; d'ailleurs, il était révolté de l'idée de se rendre complice du fléau de la guerre civile. — La réflexion lui disait qu'en laissant de côté la question de savoir jusqu'à quel point Jacques II avait perdu les droits de sa postérité, il avait du moins, au jugement unanime de la nation, perdu justement les siens (1). Depuis cette époque, quatre monarques avaient régné en paix et glorieusement sur la Grande-Bretagne, soutiens de sa gloire au dehors, et de ses libertés au dedans. Sa raison lui demandait s'il valait la peine de troubler un gouvernement si solidement établi, et de plonger le royaume dans les malheurs de la guerre, pour replacer sur le trône les descendans d'un monarque qui l'avait volontairement déserté. Si, d'un autre côté, la conviction de la bonté de leur cause, ou les ordres de son père et de son oncle lui faisaient une loi de servir les Stuarts, il était nécessaire de laver sa réputation, en prouvant qu'il n'avait fait aucune démarche dans ce sens, malgré de fausses insinuations, tant qu'il avait conservé la *commission* (2) du roi régnant.

(1) Sir Walter Scott appartient à l'opinion *tory actuelle*, c'est-à-dire au parti ministériel, quoiqu'il vienne récemment de publier une brochure anti-ministérielle : dans nos journaux comme dans ceux de la Grande-Bretagne, son nom a réveillé quelquefois des questions politiques : ce passage est remarquable, et nous aurons l'occasion de le citer comme un des sophismes les plus malheureux de la légitimité actuelle de la maison de Brunswick. Il y a ici un aveu direct de la souveraineté du peuple. Si elle est admise, on peut donc refaire et recommencer à volonté la légitimité des rois.
Éd.

(2) Le brevet d'officier. — Éd.

La simplicité affectueuse de Rose, l'inquiétude qu'elle témoignait sur sa sûreté,— l'idée qu'elle se trouvait sans protecteur, exposée à tous les dangers, firent aussi impression sur son esprit. Il lui écrivit le jour même, dans les termes les plus vifs, pour lui exprimer tout l'intérêt qu'il prenait à sa position, et pour lui donner l'assurance qu'il n'avait rien à craindre pour sa propre sûreté. Ces sentimens firent bientôt place à l'idée d'aller dire adieu à Flora Mac-Ivor.... et peut-être pour jamais! Combien cette réflexion fut douloureuse pour lui! La noble élévation du caractère de Flora, son dévouement à la cause qu'elle avait adoptée, la loyauté scrupuleuse de ce dévouement, tout justifiait aux yeux d'Édouard le choix de son amour; mais il n'avait pas de temps à perdre; l'active calomnie attaquait sa réputation, et le moindre délai devenait fatal à son honneur. Il fallait partir.

Après avoir pris cette détermination, il alla trouver Fergus; il lui communiqua la lettre de Rose, et lui fit part de son intention de se rendre de suite à Édimbourg, pour s'y mettre sous la protection de plusieurs amis de son père, qu'il avait négligé de voir, quoiqu'il eût des lettres pour eux, bien persuadé qu'ils ne manqueraient pas de mettre son innocence au grand jour.

— Vous allez vous jeter dans la gueule du lion, lui répondit Fergus; vous ne connaissez pas la sévérité d'un gouvernement tourmenté par la crainte et les inquiétudes que lui donne chaque jour le sentiment de son illégitimité. Je serai forcé de vous délivrer de quelque cachot de Stirling ou du château d'Édimbourg.

— Mon innocence, mon rang, l'amitié intime qui lie

mon père avec le lord M***, le général G***, etc., etc., seront une protection suffisante.

— Vous trouverez tout le contraire : ces gentilshommes seront bien assez occupés de ce qui les concerne. Encore une fois, voulez-vous prendre le plaid, et rester quelque temps avec moi, parmi les brouillards et les montagnes, pour la cause la plus juste qui ait jamais existé?

— Cher Fergus, j'ai plus d'une raison pour vous prier d'agréer mes excuses.

— N'en parlons plus. Je suis bien assuré que je vous trouverai sous peu occupé à exercer vos talens poétiques en *élégies sur une prison*, et votre érudition d'antiquaire pour découvrir l'écriture ogham (1) ou quelque hiéroglyphe de la langue punique, sur la clef de voûte d'un arceau curieux par son architecture; ou que dites-vous *d'un petit pendement bien joli* (2)? et je ne voudrais pas vous servir de garant contre cette cérémonie assez désagréable, si vous rencontrez un détachement des Whigs armés de l'Ouest!

— Pourquoi me traiterait-on ainsi?

— Pour mille bonnes raisons : 1° vous êtes Anglais; 2° vous êtes gentilhomme; 3° vous êtes un prélatiste parjure, et 4° il y a long-temps qu'ils n'ont eu l'occasion

---

(1) L'écriture *oggam*, ou *ogham*, était une espèce de sténographie ou de chiffre secret inventé, dit-on, par les Irlandais. Charles II correspondait avec ses partisans par le moyen de ce caractère, dont on trouve des lettres sur d'anciens monumens. — Éd.

(2) Fergus, qui a vécu à la cour de France, y a vu jouer *M. de P. urceaugnac*, et il emprunte cette citation de Molière, à la scène des deux Suisses qui disent à Pourceaugnac déguisé : — Nous faire foir à fous un petit pentement pien choli. — Éd.

d'exercer leur adresse pour ces sortes d'opérations. Mais ne vous abandonnez pas à l'abattement, bien-aimé, tout sera fait avec la crainte du Seigneur (1).

— J'en courrai le hasard.

— Votre détermination est bien prise?

— Oui.

— Comme vous voudrez : mais vous ne pouvez voyager à pied.... Je n'aurai pas besoin de mon cheval, lorsque je marcherai à la tête des enfans d'Ivor; vous prendrez mon brun *Dermid*.

— Si vous voulez me le vendre, vous me rendrez un grand service.

— Si votre orgueil anglais s'oppose à ce que vous le preniez à titre de don ou de louage, je ne refuserai point votre argent, à la veille d'entrer en campagne.... Il est du prix de vingt guinées. (Lecteur, souvenez-vous que ceci se passait il y a soixante ans.) Et quand croyez-vous partir?

— Le plus tôt sera le mieux.

— Vous avez raison : puisque vous devez, ou plutôt puisque vous voulez partir, je prendrai le poney de Flora, et je vous accompagnerai jusqu'à Ballybrough.... Callum Beg, faites préparer nos chevaux, avec un poney de plus pour accompagner vous-même M. Waverley, et porter ses bagages, jusqu'à ce qu'il puisse trouver un cheval et un guide pour le conduire à Édimbourg. Habillez-vous en Lowlander, et tenez votre langue close, si vous ne voulez pas que je vous l'arrache de mes mains. M. Waverley montera *Dermid*. — Puis, se tournant vers Édouard : Vous allez faire vos adieux à ma sœur?

(1) Cette phrase est empruntée par Fergus au jargon puritain de l'Écosse. Le mot *bien-aimé*, *beloved*, est consacré. — Éd.

— Si miss Mac-Ivor veut m'accorder cet honneur.

— Cathleen! allez dire à ma sœur que M. Waverley désirerait lui présenter ses respects avant de partir.... La pauvre Rose se trouve vraiment dans une situation cruelle.... Je voudrais bien qu'elle fût ici!... Pourquoi n'y viendrait-elle pas? Il n'y a que quatre habits-rouges à Tully-Veolan ; leurs mousquets nous seraient bien utiles....

Édouard ne fit aucune réponse à ces réflexions sans suite : il les entendit, il est vrai, mais il était trop occupé de l'arrivée de Flora pour y faire quelque attention. La porte s'ouvrit, et Cathleen vint annoncer que sa maîtresse priait le capitaine Waverley de recevoir ses excuses ; qu'elle lui souhaitait un heureux voyage et une bonne santé.

CHAPITRE XXIX.

Accueil que reçoit Waverley dans les Lowlands après sa visite aux Highlands.

Il était midi quand les deux amis arrivèrent au milieu du défilé de Ballybrough. — Je n'irai pas plus loin, dit Fergus, qui, pendant le voyage, avait inutilement essayé de tirer Waverley de son abattement : si ma folle de sœur, ajouta-t-il, a la moindre part à votre tristesse, je dois vous dire qu'elle a de vous la plus haute opinion, mais qu'elle est tellement absorbée par les inquiétudes que lui donnent les grands événemens qui se préparent, qu'il lui est impossible de s'occuper d'aucun autre objet. Confiez-moi vos intérêts; je ne vous trahirai point; pourvu que vous me promettiez de ne plus reprendre cette vile cocarde.

— Vous ne devez pas le craindre, si vous réfléchissez

à la manière dont on me l'a ôtée..... Adieu, cher Fergus, ne souffrez pas que votre sœur m'oublie.

— Adieu, Waverley, vous entendrez bientôt parler d'elle sous un titre plus élevé... Rentrez à Waverley-Honour... écrivez-nous... faites-vous des partisans, — le plus grand nombre et le plus tôt que vous pourrez.... Vous ne tarderez pas à voir des hôtes peu attendus sur les côtes de Suffolk, à moins que les lettres que j'ai reçues de France ne m'aient trompé.

Ainsi se séparèrent les deux amis : Fergus retourna dans son château, tandis qu'Édouard, accompagné par Callum Beg, se rendait à la petite ville de.... — Callum était de pied en cap transformé en domestique des Lowlands.

Édouard voyagea, agité par ces sentimens pénibles, quoique sans amertume, que la séparation et l'incertitude font naître dans l'ame d'un jeune amant. Je ne sais trop si nos dames connaissent bien tout le pouvoir de l'absence; et je ne crois pas qu'il soit très-prudent de le leur apprendre, de peur qu'à l'imitation des Mandanes et des Clélies, elles ne se livrent au caprice d'envoyer leurs amans en exil. Il est vrai que l'éloignement produit sur les idées le même effet que dans la perspective; il adoucit les objets, en arrondit les formes, et les rend bien plus gracieuses. Les inégalités du caractère sont effacées; les traits qui nous les rappellent sont ceux qui faisaient leur beauté ou leur force. Il est pour l'horizon mental, comme pour l'horizon naturel, des ombres favorables qui cachent ce qui blesserait l'œil de près. Il est des effets de lumière qui ajoutent à l'éclat de tout ce qui brille au grand jour.

Édouard oublia les préjugés de Flora Mac-Ivor; il

lui pardonna presque son indifférence, en réfléchissant à l'importante et décisive entreprise qui remplissait toute son ame. Si la reconnaissance pour un bienfaiteur la rendait si dévouée à sa cause, quelle ne serait pas son affection pour l'heureux époux qui la mériterait? Mais puis venait la question douteuse : — « Pourrait-il être un jour ce mortel fortuné? » — Question à laquelle son imagination cherchait à répondre par l'affirmative, en rappelant tout ce que Flora avait dit à sa louange, avec l'addition d'un commentaire plus flatteur encore que le texte ne l'autorisait. Tout ce qui était ordinaire, tout ce qui appartenait au monde de tous les jours, disparaissait dans ces rêves d'une imagination qui ne se souvenait que des traits de grace et de dignité par lesquels Flora était au-dessus de la généralité de son sexe, et qui oubliait tout ce qu'elle avait de commun avec le reste des femmes. Édouard, en un mot, était occupé à faire une déesse d'une jeune personne belle, noble et aimable, et il continua à bâtir des châteaux en l'air jusqu'à ce qu'il fût arrivé au sommet d'une montagne rapide, au bas de laquelle il aperçut le bourg de.....

Il y a peu de pays où la politesse naturelle soit portée à un plus haut point que parmi les Highlanders : Callum Beg aurait cru y manquer en se permettant d'interrompre les rêveries de notre héros ; mais, voyant qu'Édouard cessait de rêver à l'aspect du bourg, il s'approcha pour lui dire :

— J'ose espérer que, lorsque nous serons à l'auberge, Votre Honneur ne parlera pas de Vich Ian Vohr ; car les gens de ce pays sont des plus mauvais Whigs : que le diable les emporte !

Waverley promit au page prudent d'être circonspect

et réservé. Dans ce moment il entendit non pas le tintement des cloches, mais un bruit sourd qui paraissait provenir du choc d'un marteau contre les parois d'un vieux chaudron verdâtre renversé qu'on avait suspendu dans une loge ouverte, de la forme d'une cage de perroquet, et destinée à orner l'extrémité orientale d'un édifice assez semblable à une vieille grange. Il demanda à Callum Beg si c'était un jour de dimanche.

— Je ne saurais vous le dire précisément, répondit Callum Beg ; il est rarement dimanche de l'autre côté du défilé de Ballybrough.....

Ils entrèrent dans le bourg, et se dirigèrent vers l'auberge qui avait le plus d'apparence. De vieilles femmes en jupons de tartan et en manteaux rouges, sortaient en foule de l'édifice semblable à une grange, et discutaient entre elles sur le mérite comparatif de ce saint jeune homme Jabesh Rentowell et de ce vase d'élection Maister (1) Goukthrapple. A cette vue, Callum crut pouvoir dire au maître qu'il servait pour le moment « que c'était ou le grand dimanche lui-même, ou le petit dimanche du gouvernement, qu'ils appelaient le *jeûne* (2). »

(1) *Maister*, master avec la prononciation écossaise, monsieur.
Éd.

(2) Les presbytériens observent le sabbath, comme ils appellent le dimanche, avec une sévérité judaïque ; mais ils ont encore conservé une seule de nos grandes solennités religieuses, à laquelle ils attachent une importance proportionnée à la rareté de ces pompeuses cérémonies, si heureusement instituées dans le catholicisme pour agir sur l'imagination et le cœur des fidèles. Cette fête du culte calviniste est le Sacrement de l'Eucharistie qui ne s'administre guère qu'une fois par an ; et c'est quelquefois en plein air, en mémoire de la persécution soufferte par les premiers prosélytes de John Knox. On y prépare la jeunesse par des instructions et des

Ils descendirent à l'enseigne du *Chandelier d'or à sept branches*, avec une devise en hébreu, pour la plus grande commodité du public. Mon hôte, figure puritaine, grande et maigre, s'avança vers eux, paraissant délibérer en lui-même s'il devait donner asile à des personnes qui voyageaient dans un pareil jour; mais à la fin, songeant qu'il avait en son pouvoir le moyen de leur faire payer l'amende pour cette inconvenance, châtiment qu'ils pourraient esquiver en passant chez Gregor Duncanson, à l'enseigne du *Highlander* et de *la Pinte d'Hawick*, M. Ebenezer Cruickshanks condescendit à les laisser entrer chez lui.

Waverley dit à ce saint personnage qu'il avait besoin d'un guide et d'un cheval pour porter ses bagages à Édimbourg.

— Et d'où venez-vous? demanda mon hôte du *Chandelier*.

— Je viens de vous dire où je désirais aller; toute autre explication est inutile pour le conducteur et pour le cheval dont j'ai besoin.

—Hem! hum! dit en grognant l'homme du Chandelier, un peu déconcerté de cette rebuffade... c'est aujourd'hui jour de jeûne solennel, et je ne puis me permettre de faire aucune transaction charnelle en un tel jour où les

---

prières; le jeudi et le samedi qui précèdent le *grand dimanche* sont des jours saints, où l'on assiste à un sermon au moins. Le jeudi surtout est un vrai *petit dimanche* calviniste, qu'on appelle *le jour de jeûne et d'humiliation*. La solennité de l'*Eucharistie* s'appelle aussi vulgairement en Écosse une *occasion*, et c'est vraiment quelquefois une occasion de dissipation plutôt que de jeûne et d'humilité, comme disait Burns qui n'a jamais épargné ses sarcasmes et ses satires à l'austère et intolérante Église d'Écosse.—Éd.

ames doivent s'humilier et les apostats revenir au giron de l'Église, comme disait le digne maister Goukthrapple; et surtout lorsque le pays, comme l'a fait observer le précieux maister Rentowell, s'afflige pour les covenans brûlés, déchirés et mis sous terre.

— Mon bon ami, puisque vous ne pouvez me procurer un cheval et un guide, mon domestique va tâcher de le trouver ailleurs.

— Oui-da! votre domestique?... Et pourquoi ne vous accompagne-t-il pas lui-même jusqu'à Édimbourg?

Édouard n'avait pas beaucoup de la vivacité d'un officier de dragons, je veux parler de cette vivacité à laquelle j'ai été quelquefois très-redevable, lorsque, voyageant dans la malle-poste ou la diligence, j'ai rencontré quelque militaire qui a pris obligeamment sur lui le soin de discipliner les garçons d'auberge, et de faire refaire l'addition du compte; cependant il avait reçu une teinture de ce talent utile dans le cours de sa carrière militaire. La grossière provocation de l'aubergiste commença à l'échauffer.

— Holà, monsieur, lui dit-il; je suis venu chez vous pour me reposer, et non pour répondre à des questions impertinentes? Entendez-vous, monsieur?... Dites-moi si vous pouvez me procurer ce que je vous demande; que vous disiez oui ou non, je n'en irai pas moins.

M. Ebenezer Cruickshanks sortit en marmottant quelques mots entre ses dents; Édouard ne put comprendre si ces mots étaient négatifs ou affirmatifs. L'hôtesse, très-civile, très-douce, très-active personne, vint demander à notre voyageur ce qu'il désirait pour son dîner; Édouard ne put lui arracher de réponse concernant le cheval et le guide qu'il avait demandés; sans doute la *loi salique* était en vigueur dans les écuries de l'auberge du *Chandelier d'or*.

En s'approchant d'une fenêtre qui donnait sur une petite cour où Callum Beg était occupé à panser les chevaux, Waverley entendit le dialogue qui eut lieu entre le rusé page de Vich Ian Vohr et le maître de l'auberge.

— Eh bien, jeune homme, lui dit ce dernier, vous venez du nord?

— Vous pouvez bien le dire!

— Vous avez fait une longue route aujourd'hui?

— Assez longue pour boire une goutte avec plaisir.

— Vous allez l'avoir.... Ma femme, apporte le pot d'une pinte....

Ici quelques complimens d'usage furent échangés. Mon hôte du *Chandelier d'or* crut alors avoir ouvert le cœur de son hôte par cette cérémonie propitiatoire de l'hospitalité. Il reprit ses interrogations.

— Vous avez du bien meilleur whisky que celui-là de l'autre côté du pas de Ballybrough.

— Je ne suis pas de l'autre côté du Pas.

— Je vois bien à votre accent que vous êtes un Highlander.

— Je viens de la route d'Aberdeen.

— Et votre maître est-il venu aussi avec vous d'Aberdeen?

— Oui : — c'est-à-dire il en venait quand j'en venais moi-même, répondit avec sang-froid l'impénétrable Callum Beg.

— Et quelle espèce de gentilhomme est-ce?

— Je crois qu'il est officier au service du roi Georges; du moins il est en route pour le midi ; sa bourse est bien garnie; il ne marchande pas avec un pauvre homme ni pour les comptes d'auberge.

— Il demande un cheval et un guide pour aller à Édimbourg?

— Oui : vous devriez vous en occuper de suite.

— Cela lui coûtera cher.

— Il n'en rabattra pas un bodle (1).

— Très-bien, mon cher Duncan! Ne m'avez-vous pas dit que vous vous appelez Duncan, ou Donald?

— Non, non..... Jamie, Jamie Steenson; je vous l'ai déjà dit (2).

Cette riposte inattendue déconcerta M. Cruickshanks; il se retira peu satisfait de la réserve du maître et du valet; mais il voulut du moins se dédommager par le prix du cheval à louer. N'oubliant pas de faire valoir que c'était un jour de jeûne, il se contenta de demander un peu plus du double du prix ordinaire.

Callum Beg se hâta d'aller faire part à Waverley du marché qu'il venait de conclure. — Ce vieux diable, ajouta-t-il, veut accompagner lui-même le Duinhewassel.

— Ce ne sera ni très-agréable ni très-sûr, Callum, car notre hôte m'a paru très-curieux; mais un voyageur doit savoir supporter ces petits désagrémens. Cependant, mon

---

(1) Nous avons déjà eu occasion de remarquer la subdivision comparativement très-considérable de la monnaie écossaise. Un *bodle* est le sixième d'un penny anglais, et la moitié d'un *plack*. Cette monnaie est devenue aussi rare en Écosse que les deniers en France. Le *bodle* est ainsi nommé, dit-on, d'un monnayeur appelé Bothwell. — Éd.

(2) Ce dialogue caractérise à merveille la prudente réserve d'un montagnard d'Écosse; nous en retrouverons des preuves dans *Rob Roy*. L'Écossais en général joue admirablement le rôle d'une simplicité toute politique. — Éd.

garçon, voilà une bagatelle pour boire à la santé de Vich Ian Vohr.

L'œil d'aigle de Callum Beg étincela de plaisir en voyant une guinée d'or : il se hâta de la placer dans son gousset, non sans maudire les embarras d'une poche de culottes saxonnes, ou d'un *splenchan*, comme il l'appelait ; puis, comme s'il eût réfléchi que ce don demandait quelque service en retour, il se rapprocha d'Édouard avec un air d'intelligence, et lui dit à demi-voix :

—Si Son Honneur regardait comme tant soit peu dangereux ce vieux diable de whig, Elle (1) se chargerait d'avoir soin de lui, pour lui apprendre à se bien conduire.

—Et comment et de quelle manière? demanda Édouard.

— Elle-même, reprit Callum, irait l'attendre un peu hors la ville, et lui caresserait les reins avec son skene-occle.

— Skene-occle! qu'est-ce que cela?

Callum déboutonna sa veste, leva le bras gauche, et montra d'un air expressif la pointe d'un petit dirk qu'il avait soigneusement caché dans la doublure.

Waverley crut avoir mal compris le geste de Callum; il le regarda en face, et trouva dans les traits de son visage, très-beaux, quoique brunis par le soleil, cet air de malice qu'aurait eu un Anglais du même âge, qui viendrait de confier un plan pour dérober les fruits d'un verger.

— Grand Dieu! Callum, penseriez-vous à lui ôter la vie? s'écria-t-il.

(1) Callum Beg parle de lui au féminin. Le Dougal de Rob Roy de même : les Gillys des Highlands s'appellent entre eux une *créature*. Le mot créature est donc ici sous-entendu. — Éd.

— Oui, certes, répondit le jeune désespéré; et je crois qu'il a déjà vécu trop long-temps, puisqu'il est capable de trahir d'honnêtes gens qui viennent dépenser leur argent dans son auberge.

Waverley vit très-bien qu'il ne gagnerait rien avec de bonnes raisons. Il se contenta d'enjoindre à Callum de ne rien tenter contre la personne de M. Ebenezer Cruickshanks. A cette injonction, le page parut acquiescer avec une grande indifférence.

— Le Duinhé-wassel peut faire ce qu'il lui plaira: le vieux coquin n'a jamais fait de mal à Callum; mais voici quelques lignes que le Tighearna m'a chargé de remettre à Votre Honneur avant de retourner.

La lettre du Tighearna (du chef) renfermait les vers de Flora sur la mort du capitaine Wogan, dont le caractère entreprenant est si bien dépeint par Clarendon; il avait d'abord été attaché au parlement, mais il avait abjuré ce parti lors de l'exécution de Charles Ier. Il n'eut pas plus tôt appris que le comte de Glencairn et le général Middleton avaient arboré l'étendard royal dans les Highlands d'Écosse (1), qu'il prit congé de Charles II, qui se trouvait alors à Paris: il revint en Angleterre, leva un corps de cavalerie dans les environs de Londres, traversa le royaume, qui depuis long-temps était sous la domination de l'usurpateur, et, par des marches habiles, il parvint à joindre, sans avoir perdu un seul homme, un corps de Highlanders, alors sous les drapeaux des Stuarts. Après avoir fait une guerre inutile de plusieurs

(1) Le général Middleton fut un des adversaires les plus ardens de la révolution. Plus tard, il ambitionna la vice-royauté d'Écosse; mais Landerdale l'emporta sur lui, grace à la duchesse de Cleveland, maîtresse de Charles II. — Éd.

mois, et acquis par ses talens et son courage une grande réputation, il eut le malheur d'être blessé dangereusement, et aucun secours de l'art ne fut capable de prolonger sa glorieuse carrière.

Le politique chieftain avait évidemment plus d'un motif pour désirer mettre l'exemple de ce jeune héros sous les yeux de Waverley, dont il n'ignorait pas que le caractère romanesque avait des rapports particuliers avec celui de Wogan; mais sa lettre était consacrée surtout à lui rappeler quelques commissions que Waverley avait promis de faire pour lui en Angleterre. Ce n'était qu'au dernier paragraphe qu'Édouard trouva ces mots :

— « J'en veux à Flora de nous avoir refusé hier sa
« compagnie; et puisque je vous donne la peine de lire
« ces lignes, pour vous rappeler votre promesse de m'en-
« voyer de Londres le harpon et l'arbalète (1), j'inclus
« ici les vers de ma sœur sur le tombeau de Wogan.
« Elle en sera contrariée, je le sais; car, à vous dire la
« vérité, elle est plus amoureuse de la mémoire de ce
« jeune héros, qu'elle ne le sera jamais d'homme vivant,
« à moins qu'il ne suive le même chemin; mais les gen-
« tilshommes anglais de nos jours gardent leurs *chênes*
« pour abriter les chevreuils de leurs parcs, ou parce
« qu'ils servent à réparer les pertes d'une soirée à l'hôtel
« de White (2); ils n'ont jamais pensé à les invoquer
« pour en couronner leurs fronts ou en ombrager leurs
» tombes. Permettez-moi d'espérer une brillante excep-
« tion dans un ami chéri, à qui je donnerais volontiers
« un titre plus cher à mon cœur! »

Les vers étaient intitulés :

(1) Dont il était sans doute question dans les paragraphes précédens. — Éd.

(2) *St. James Street,* où le jeu ruine encore plus d'un milord. — Éd.

A UN CHÊNE.

Dans le cimetière de —— au milieu des montagnes d'Écosse, et qu'on croit avoir été planté sur le tombeau du capitaine Wogan, tué en 1649.

De l'antique constance emblème respecté,
    Protège de ton vert feuillage
Cette tombe élevée à la fidélité,
    Et monument d'un généreux courage.

Et toi, preux chevalier, mort en servant ton roi,
    Ne regrette pas la couronne
Qu'en des climats plus doux on tresserait pour toi,
    Avec ces fleurs que le printemps leur donne.

A peine le soleil, embrasant l'horizon,
    Darde ses feux sur les prairies;
Ces filles du matin, ornement du vallon,
    Penchent déjà leurs corolles flétries.

Un emblème si frêle est-il digne du preux
    Qui défia le sort contraire?
Plus les périls croissaient, plus son bras généreux,
    Par ses exploits illustrait sa carrière.

Les enfans d'Albion, lassés par le Destin,
    S'étaient réunis aux rebelles;
Mais tu trouvas alors aux montagnes d'Albyn (1)
    De fiers guerriers jusqu'à la mort fidèles.

Un parent ne vint pas conduire ton cercueil.
    Du fils vaillant de l'Angleterre
Les descendans du Gaël seuls portèrent le deuil,
    Et leur pibroch fut ton chant funéraire.

---

(1) L'Écosse. Les Écossais Highlanders sont encore app. lés *Gaëls Albinic* dans la langue gaélique, comme les Gaëls d'Irlande s'appelaient *Gaëls Eirinic*. — Éd.

Quel mortel cependant n'envierait ton trépas?
Qui ne voudrait contre ta gloire
Échanger de longs jours passés loin des combats?
Wogan doit vivre autant que notre histoire.

Nous t'avons consacré l'arbre dont les rameaux
Bravent et l'hiver et l'orage.
Rome en ceignait jadis le front de ses héros;
A ton cercueil, Albyn en fait hommage.

Quel que fût le mérite réel des vers de miss Flora, l'enthousiasme qui les avait inspirés était bien capable de produire une vive impression sur un amant; ils furent lus et relus, et déposés dans le sein d'Édouard, puis retirés pour être relus, ligne par ligne, et déclamés à voix basse, avec de fréquens repos, pour en mieux sentir tout le charme. Ainsi l'épicurien savoure lentement, et goutte à goutte, un breuvage délicieux. L'arrivée de mistress Cruickshanks, avec les prosaïques élémens du dîner, n'interrompit qu'à peine cette exaltation de l'amour.

Enfin la grande et triste figure de M. Ebenezer se présenta. Quoique la saison n'exigeât pas ces précautions, il avait mis une large redingote de gros drap fixée sur ses habillemens de dessus par le moyen d'une ceinture, et surmontée d'un vaste capuchon appelé un *trot cozy*, qui couvrait au besoin le chapeau et la tête, et se boutonnait sous le menton. Sa main était armée d'un gros fouet de jockey garni de cuivre; et ses longues jambes minces occupaient des guêtres grises fermées sur le côté par des agrafes de métal.

Ainsi accoutré, il s'arrêta au milieu de l'appartement, et dit d'un ton laconique : — Nos chevaux sont prêts.

— C'est donc vous qui venez avec moi, notre hôte?

— Oui, jusqu'à Perth : là vous prendrez un autre guide pour vous conduire jusqu'à Édimbourg.

En disant ces mots, il plaça sous les yeux de Waverley la carte de la dépense, qu'il tenait d'une main, et de l'autre il remplit un verre de vin qu'il but dévotement à leur heureux voyage. Waverley fut un peu surpris de l'impudence de cet homme; mais comme il ne devait pas rester long-temps avec lui et qu'il avait besoin d'un guide, il ne fit aucune observation, paya sa dépense et manifesta le désir de partir sans retard. Il monta sur *Dermid*, et sortit de la cour de l'auberge du *Chandelier d'or*, suivi de la figure puritaine que nous avons décrite. A l'aide d'un — *louping-on-stane* — ou banc de maçonnerie adossé exprès à la maison, Ebenezer, non sans peine, était parvenu à hisser sa personne sur le dos du fantôme d'un long cheval efflanqué n'ayant que la peau et les os, sur lequel était aussi le porte-manteau de Waverley. Notre héros, quoique n'étant pas de très-bonne humeur, ne put guère s'empêcher de rire de la tournure de son nouvel écuyer, en se représentant la surprise que produirait au château de Waverley son entrée en pareil équipage.

Le sourire d'Édouard n'échappa point à notre hôte du Chandelier : il comprit quelle en était la cause, ce qui rendit deux fois plus renfrogné son sombre visage de pharisien; et il se promit bien que d'une manière ou d'une autre le jeune Anglais paierait cher le mépris qu'il semblait avoir pour sa personne.

Callum, qui se trouvait aussi près de la porte, rit sans gêne de la ridicule figure de M. Cruickshanks. Quand Waverley passa près de lui, il lui ôta son chapeau avec respect, et s'approchant de l'étrier, il lui dit : — Prenez garde que ce vieux coquin de Whig ne vous joue quelque mauvais tour.

Waverley le remercia de nouveau, lui dit adieu, et pressa le pas de Dermid, n'étant pas fâché de ne plus entendre les clameurs que poussaient les enfans à la vue du vieux Ebenezer qui, pour éviter les secousses du trot de sa bête dans une rue à demi pavée, se levait et se baissait alternativement sur ses étriers.

Le village de...... fut bientôt à plusieurs milles de distance derrière eux.

CHAPITRE XXX.

Que la perte d'un fer de cheval peut être quelquefois un inconvénient sérieux (1).

Les manières et l'air noble de Waverley, surtout le contenu brillant de sa bourse, et le peu de cas qu'il paraissait en faire, en imposèrent un peu à son compagnon, et ne lui permirent pas de chercher à lier conversation. Cependant il était agité par divers soupçons, et s'occupait en même temps de certains plans pour les faire servir à son intérêt personnel. Les deux voyageurs continuèrent donc leur route en silence jusqu'à ce que le guide l'interrompît en annonçant que son bidet avait perdu un fer de devant, et que sans doute Son Honneur conviendrait que c'était à lui de le remettre.

C'était ce que les légistes anglais appellent *a fishing*

(1) Allusion à un dicton populaire qui compare une perte peu sérieuse à la perte d'un fer de cheval. — Éd.

question (une question de pêche) (1), pour savoir jusqu'à quel point Waverley était disposé à se soumettre à ces petites taxes. — Mais Waverley se méprit sur le sens de cette observation.

— A moi de remettre le fer de votre cheval, coquin! s'écria-t-il.

— Certainement; quoique nous n'ayons pas mis cette clause dans notre marché, ce n'est pas à moi de payer pour les accidens qui peuvent arriver au pauvre bidet pendant qu'il est au service de Votre Honneur... cependant... si Votre Honneur...

— Ah! vous voulez dire que je dois payer le maréchal; mais où pourrons-nous en trouver un?

Charmé qu'aucune objection ne fût faite par le maître qu'il servait pour le moment, M. Cruikshancks l'assura que Cairnvreckan, village où ils allaient entrer, était favorisé d'un excellent forgeron; — mais, comme c'était en même temps un *Professeur*, rien au monde ne pourrait le décider à enfoncer un clou le jour de sabbath ou de jeûne d'Église, à moins que ce ne fût dans un cas d'absolue nécessité; et alors il faisait toujours payer six pence par fer. — La partie de ces observations que M. Ebenezer regardait comme la plus importante fit peu d'impression sur l'esprit d'Édouard, qui s'étonnait seulement de trouver un professeur dans un mauvais village; il ne savait pas qu'on se servait de ce nom pour désigner un homme qui prétendait à une grande sainteté de mœurs et de religion.

En entrant dans le village de Cairnvreckan, ils distinguèrent aisément la maison du maréchal. Comme

(1) Nous disons en français dans ce sens : sonder le terrain, etc.
ÉD.

c'était en même temps une auberge, elle avait deux étages, et son toit en ardoises dominait fièrement sur les cabanes qui l'environnaient. La forge ne se ressentait en rien du silence *sabbatique* qu'Ebenezer avait annoncé; l'enclume retentissait sous les coups redoublés des marteaux, le soufflet gémissait, et tous les instrumens de Vulcain étaient en activité. Les travaux n'étaient pas d'une nature champêtre ni pacifiques; mais le maître forgeron, appelé John Mucklewrath, selon son enseigne, était occupé, avec deux ouvriers, à réparer, à arranger et à fourbir de vieilles épées, des mousquets et des pistolets épars çà et là autour de l'atelier, avec un désordre de guerre. Sous le hangard ouvert qui contenait la forge était une foule de gens qui allaient et venaient, comme pour recevoir ou donner d'importantes nouvelles; il suffisait de jeter un coup d'œil sur tous ces villageois, qui traversaient la rue à la hâte ou restaient réunis en groupes, les bras et les yeux levés au ciel, — pour deviner qu'un grand événement agitait toute la municipalité de Cairnvreckan.

— Il y a quelque chose de nouveau, dit mon hôte du Chandelier en poussant tout à coup au milieu de la foule son bidet efflanqué, et avançant sa figure jaune et décharnée; — il y a du nouveau; et, avec l'aide de mon Créateur, j'obtiendrai des renseignemens.

Waverley, avec une curiosité mieux contenue que celle de son guide, mit pied à terre, et donna son cheval à garder à un petit garçon qui se tenait là, regardant d'un air oisif. C'était sans doute par suite de la fausse honte contractée dès son enfance, qu'il ne s'adressait jamais à un étranger pour lui faire la plus simple question, sans avoir préalablement examiné son maintien et sa physionomie. Pendant qu'il cherchait autour de lui quelqu'un qui lui inspirât assez de confiance pour entrer en conversation, il apprit, sans le demander, ce qu'il voulait savoir. Il entendit prononcer les noms de Lochiel, de Clanronald, de Glengary et de plusieurs autres chefs distingués des Highlands, et fréquemment entre autres celui de Vich Ian Vohr. Ces noms étaient aussi familiers que les mots les plus communs, et d'après l'alarme généralement exprimée, il comprit aisément que ces chefs avaient fait ou devaient bientôt faire une incursion dans les Lowlands à la tête de leurs clans armés.

Avant que Waverley pût faire aucune question, une grande et forte femme, au visage dur, et très rouge partout où la suie et la fumée ne l'avaient pas noircie, habillée au reste comme si on lui avait jeté ses vêtemens sur le corps avec une fourche, s'élança à travers la foule, et faisant sauter dans ses bras un enfant de deux ans, sans égard pour ses cris de terreur, chanta de toute la force de ses poumons :

> Charlot est mon mignon, mon mignon, mon mignon,
> Charlot est mon mignon,
> Le jeune chevalier (1) !

—Entendez-vous ce qui vous arrive, vieux pleureurs de Whigs ? entendez-vous ce qui vient étouffer vos vanteries ?

> Vous savez peu qui vous arrive,
> Vous savez peu qui vous arrive,
> Tous les fiers Macraws vont venir.

Le Vulcain de Cairnvreckan, qui reconnut sa Vénus dans cette bacchante triomphante, la regardait avec un

---

(1) *Charlie is my darling, my darling, my darling,*
Charlie is my darling,
The young chevalier.

Ce refrain jacobite est traduit littéralement. *Charlie* répond à notre *Charlot*. — ÉD.

air sinistre et menaçant, lorsque les sénateurs de l'endroit se hâtèrent d'intervenir : — Paix donc! la bonne femme; est-ce dans un temps, est-ce dans un jour comme celui-ci que vous devez chanter vos folles chansons? — Un temps où le vin de la colère est versé sans mélange dans la coupe de l'indignation, et un jour où le pays doit porter témoignage contre le papisme et le prélatisme (1), et le quakérisme, (2) et l'indépendantisme (3), et la suprématie (4), et l'érastianisme (5), et l'antinomianisme (6), et toutes les erreurs de l'Église.

(1) Dans leur intolérance, les presbytériens d'Écosse croyaient qu'il n'y avait de salut que dans leur Église. Le papisme était selon eux une idolâtrie; mais ils n'avaient pas une moins sainte colère contre le *prélatisme*, ou les fauteurs des évêques de l'anglicanisme, et contre les autres hérésies que proscrivent ici en masse les bons municipaux de Cairnwreckan. — Éd.

(2) La secte des *quakers*, ou des amis, est aujourd'hui fort connue. — Éd.

(3) L'*indépendantisme*. Secte des indépendans qui date de Cromwell. — Éd.

(4) La *suprématie*, c'est-à-dire l'acte par lequel le roi d'Angleterre avait proclamé sa souveraineté sur l'Église d'Écosse. — Éd.

(5) L'*érastianisme*. La secte des érastiens s'éleva en Angleterre pendant les guerres civiles en 1647; on l'appelait ainsi du nom de son chef Erastus. Les érastiens soutenaient, dit-on, que l'Église n'a point d'autorité quant à la discipline, qu'elle n'a aucun pouvoir de faire des lois ni des décrets, encore moins d'infliger des peines, de porter des censures, etc. On sent combien le despotisme ecclésiastique de l'Église presbytérienne devait en vouloir aux érastiens. Nous verrons, dans *les Puritains*, Henry Morton sous le couteau des fanatiques, comme accusé d'érastianisme. — Éd.

(6) L'*antinomianisme*. Les antinomiens, ou anomiens, étaient accusés, comme les érastiens, de ne reconnaître aucune règle. On nommait aussi antinomiens les anabaptistes, les disciples de Jean Agricola, et, en général, tous ceux qui croyaient à la prédestination. — Éd.

— Et c'est là toute votre whiguerie! répéta la virago; c'est là toute votre whiguerie et votre presbytérianisme! ô vieux rustres aux oreilles coupées (1)! quoi donc! pensez-vous que les braves en kilts (2) se soucieront beaucoup de vos synodes, de vos presbytères, (3) de vos buttockmails (4), de vos chaises de pénitence (5); haine et

---

(1) Allusion à la manière dont les *Têtes-Rondes* se coupaient les cheveux. — Éd.

(2) *Kilt*, jupon des Highlanders. — Éd.

(3) Il n'est aucune de ces expressions qui ne revienne fréquemment dans les romans de sir Walter Scott. On nous pardonnera donc ici une note détaillée sur l'organisation toute républicaine de l'Église d'Écosse. Le culte presbytérien n'admet pas précisément de hiérarchie ni de chef; l'autorité, ou plutôt l'administration est dévolue à des assemblées de ministres où prennent rang aussi des laïques appelés Anciens. Chaque paroisse est régie par un pasteur qui, en s'adjoignant les anciens, forme le conseil de paroisse, ou *kirk-session*, qui administre les fonds, surveille les mœurs, juge, censure, punit, excommunie même. On peut appeler du *kirk-session* devant le presbytère, conseil supérieur composé des pasteurs d'un canton et d'un ancien par paroisse : il est présidé par un pasteur élu sous le titre de modérateur; le presbytère a droit de censure sur ses membres. Au-dessus du presbytère est le *synode* provincial, composé des membres de plusieurs presbytères, et que préside encore un modérateur élu par ses pairs. Enfin il y a une haute-cour ecclésiastique, composée de tous les ministres et d'un ancien par paroisse. C'est l'assemblée générale, qui s'assemble une fois par an, qui fait les lois et les canons, juge en dernier ressort, etc. Nous aurons l'occasion de revenir sur cette assemblée, quand il en sera fait mention. — Éd.

(4) *Buttock*, en style vulgaire, signifie une prostituée, *mail*, une taxe, ou une amende. Pour une somme d'argent, on pouvait quelquefois se racheter de l'humiliation du *stool of repentance*.
Éd.

(5) *The stool of repentance*, le siège de repentir ou de péni-

vengeance sur ces noires inventions! Plus d'une femme qu'on y a placée était plus honnête que telle qui dort avec n'importe quel Whig du pays; moi-même...

Ici John Mucklewrath, qui craignait qu'elle n'entrât dans les détails de ses épreuves personnelles, se hâta d'interposer son autorité maritale: — Rentrez à la maison, et allez au diable (puisque vous me forcez de parler ainsi), et faites la bouillie pour notre souper.

— Et toi aussi, radoteur stupide! répondit sa douce moitié, dont la colère, qui s'était égarée sur tous les assistans, allait suivre son canal naturel; — tu t'occupes à préparer des fusils pour des fous qui n'oseront jamais les tirer sur un Highlander: ne ferais-tu pas mieux de gagner du pain pour nourrir ta famille, et de ferrer le cheval de ce jeune gentilhomme qui vient d'arriver du nord? Je gagerais qu'il n'est pas de ces pleurnicheurs

---

tence, appelé plus vulgairement cutty-stool (cutty, *femme légère*, stool, *chaise*). Cette pénitence publique commence à tomber en désuétude dans l'Église presbytérienne; on y condamnait l'homme comme la femme pour le péché de fornication. Le *stool* de pénitence était une espèce de fauteuil placé en face de la chaire, sur un piédestal qui s'élevait environ à deux pieds plus haut que les autres sièges de l'église. Quand la cloche sonnait, le coupable montait sur la chaise, et le sacristain le revêtait d'une robe noire. Trois dimanches de suite, il entendait, à cette place et dans ce costume, le service divin, montré au doigt et admonesté par le ministre. Dans l'Ayrshire, le cutty-stool est encore un objet de terreur pour ceux dont la chair est faible: Burns n'a pu le faire abolir par ses sarcasmes poétiques; mais, dans la plupart des églises, les coupables peuvent maintenant rester sur leur banc particulier, et le pasteur glisse même légèrement sur la réprimande dont ils sont encore l'objet. Il fallait autrefois opter entre le cutty-stool et l'excommunication. — Nous avons eu dans le culte catholique nos amendes honorables. — Éd.

du roi Georges, mais pour le moins un brave Gordon.

Tous les yeux se tournèrent aussitôt vers Waverley, qui profita de ce moment de calme pour inviter le maréchal à ferrer de suite le cheval de son guide, parce qu'il était bien aise de continuer sa route. Ce qu'il venait d'entendre lui faisait craindre qu'il n'y eût du danger à rester plus long-temps. — Les regards du maréchal restèrent fixés sur lui avec un air de déplaisir et de soupçon, nullement tempéré par le zèle de sa femme pour le nouveau-venu.

— N'as-tu pas entendu ce que t'a demandé ce beau jeune homme, vaurien d'ivrogne? lui criait-elle.

— Quel est votre nom? monsieur, lui dit Mucklewrath?

— Peu vous importe mon nom, mon ami, pourvu que je vous paie votre travail?

— Le gouvernement peut avoir intérêt à savoir qui vous êtes, répondit un vieux fermier qui sentait fortement l'odeur du whisky et de la fumée de tourbe. Je doute qu'on vous permette de continuer votre route avant que vous ayez vu le laird.

— Certainement, répondit Waverley avec hauteur, qu'il serait difficile et dangereux de m'arrêter ici, à moins que vous ne me montriez que vous en avez le droit.

Il y eut un moment de réflexion et de chuchottement dans la foule.

— C'est le secrétaire Murray, — lord Lewis Gordon, — peut-être le Chevalier lui-même?

Tels étaient les soupçons qu'on se communiquait les uns aux autres, et évidemment on semblait de plus en plus disposé à empêcher le départ de Waverley. Il tâcha de leur faire entendre raison en leur parlant avec douceur; mais mistress Mucklewrath s'empara de la parole, et interrompit ses explications en prenant son parti avec une violence qui fut mise sur le compte d'Édouard par ceux à qui elle s'adressait.—Quoi! vous arrêteriez, s'écria-t-elle, un gentilhomme ami du prince! (Car elle aussi, quoique avec des sentimens opposés à ceux des autres, avait adopté l'opinion générale sur Waverley.) Je vous défie de le toucher du bout du doigt; si quelqu'un s'en avise, je lui applique mes dix commandemens de Dieu sur le visage. En parlant ainsi, elle étendait ses longues mains bien musclées et armées d'ongles crochus, dont un vautour aurait pu être jaloux.—Rentrez dans votre maison, bonne femme (1), lui dit le fermier, allez soigner les enfans du bon-homme, cela vaudrait mieux que de nous ennuyer ici.

— *Ses enfans!* répliqua l'amazone en regardant son mari de l'air du plus profond mépris; *ses enfans!*

> Bon-homme (plus tôt que plus tard!)
> Si le gazon vous couvrait le visage,
> Je consolerais mon veuvage,
> Bon-homme, avec un montagnard.

Ce cantique, qui excita parmi la jeunesse de l'assemblée un rire mal dissimulé, fit entièrement perdre patience à l'homme de l'enclume.—Je veux que le diable m'emporte, dit-il dans un transport de rage, si je ne lui plonge ce fer rouge dans le gosier! Il aurait exécuté sa menace, car il avait déjà tiré sa barre de fer de la forge, si une partie de la foule ne l'avait retenu, pen-

---

(1) La bonne femme, good-wife; c'est une expresssion locale pour dire la ménagère; le bon-homme, goodman, est, par conséquent, le maitre du logis. — ÉD.

dant que d'autres s'efforçaient d'éloigner de sa présence sa bruyante moitié.

Waverley voulait profiter de ce moment de confusion pour s'échapper, mais il ne trouvait point son cheval; il l'aperçut enfin à quelque distance avec son fidèle guide Ebenezer, qui, dès l'instant qu'il s'était aperçu de la tournure que prenait la discussion, avait tiré les deux montures de la foule, et s'en allait monté sur la sienne en tenant l'autre par la bride. Waverley avait beau lui crier à plusieurs reprises d'amener son cheval, il répondait tranquillement : — Non, non ; si vous n'êtes ami ni de l'Église ni du roi, si l'on vous arrête comme tel, vous auriez à vous justifier devant les honnêtes gens du pays pour avoir manqué à nos conventions, et je dois garder le cheval et la valise comme dommages-intérêts, attendu que mon bidet et moi nous perdons le travail du jour de demain, outre le sermon de ce soir.

Édouard perdait patience en se voyant entouré et menacé par la canaille, et sur le point d'être assailli à tout moment. Il résolut d'essayer de faire peur, et montra un pistolet de poche en menaçant en même temps de brûler la cervelle à quiconque s'opposerait à son passage, et d'en faire autant à Ebenezer s'il faisait un pas de plus avec les chevaux.

Le sage Partridge (1) dit qu'un seul homme armé d'un pistolet en vaut cent désarmés; car, bien qu'il ne puisse tuer qu'un seul de ses ennemis, chacun peut craindre

(1) Partridge, comme on sait, est un des personnages les plus comiques de l'inimitable chef-d'œuvre de Fielding. Cet écuyer de Tom Jones possède, comme Sancho, un trésor de ces proverbes, qui, en Angleterre, comme dans tous les pays, sont la *sagesse* des nations. — Éd.

d'être celui qui sera tué. Malgré la *levée en masse* de Cairnvreckan, Édouard serait sans doute parvenu à s'ouvrir un passage, et Ebenezer, dont la pâleur était devenue trois fois plus cadavéreuse, n'aurait pas osé résister à un ordre de cette nature, si le Vulcain du village, dans son besoin de faire tomber sur quelqu'un la fureur provoquée par sa moitié, ne fût sorti avec sa barre de fer rouge, assez satisfait de pouvoir s'adresser à Waverley lui-même. Notre héros, dans l'intérêt de sa propre défense, se vit forcé de tirer sur lui, et le malheureux maréchal tomba. A la vue de ce spectacle, Édouard, saisi d'horreur, ne songea ni à se servir de son second pistolet, ni à faire usage de son épée. La populace se jeta sur lui, le désarma, et elle était sur le point de se porter aux dernières violences, lorsque parut un vénérable ecclésiastique, pasteur de la paroisse.

Ce digne homme (qui n'était point un Goukthrapples ni un Rentowell) était révéré du peuple, quoiqu'il prêchât les œuvres pratiques du christianisme aussi bien que ses dogmes abstraits, et il était estimé des classes supérieures, quoiqu'il dédaignât de flatter leurs erreurs en faisant de la chaire de l'évangile une école de morale païenne. Sa mémoire forme une sorte d'époque dans les annales de Cairnvreckan, si bien que pour indiquer que telle chose arriva il y a soixante ans, on dit encore : Du temps du bon M. Morton. Cependant c'est peut-être ce mélange de foi et de pratique dans sa doctrine qui est cause que je n'ai jamais pu découvrir s'il avait appartenu au parti évangélique ou au parti modéré dans l'Église d'Écosse. Je ne crois pas du reste que ce soit là une circonstance très-importante à éclaircir, puisque je me rappelle avoir vu moi-même l'un de ces deux partis dirigé par un Erskine, l'autre par un Robertson (1).

M. Morton avait été alarmé par l'explosion du pistolet et par le tumulte croissant autour de la forge. Son premier soin, après avoir ordonné qu'on s'assurât de la personne de Waverley, mais sans user de la moindre violence, fut de s'approcher du corps de Mucklewrath, sur lequel sa femme, par une révolution soudaine de sentimens, pleurait, hurlait, et s'arrachait les cheveux, avec presque tous les symptômes du désespoir. Lorsqu'on eut relevé le forgeron, la première découverte fut qu'il était encore en vie, et la deuxième, qu'il vivrait probablement aussi long-temps que s'il n'eût jamais entendu même le bruit d'un pistolet dans sa vie ; cependant il l'avait échappé belle. La balle, qui lui avait frisé la tête, l'avait étourdi un moment, la surprise et la peur avaient fait le reste. Les premiers mots qu'il prononça furent pour demander vengeance, et ce ne fut pas sans peine qu'il se rendit à la demande de M. Morton, de faire conduire le coupable chez le laird pour être mis à sa disposition, comme juge de paix. Le reste de l'assem-

(1) L'Église d'Écosse a de tout temps été divisée en deux partis, les modérés, et les *wild-men* (les *exaltés,* les *ultrà*). — Les exagérés étaient les vrais enfans des Whigs primitifs : les ministres n'étaient guère choisis que parmi eux. Peu à peu les modérés eurent aussi leurs ministres ; le fameux historien Robertson était à la tête du parti modéré ; le docteur H. Erskine, qui était le chef des wildmen, appartenait à l'illustre famille de Buchan. Robertson et Erskine étaient ministres dans la même paroisse : tous deux hommes de talent, ils s'estimaient et vivaient en frères hors de l'église, sans renoncer à aucun de leurs principes dans la chaire. Leur exemple n'a pas été perdu, et c'est depuis leur ministère que les haines de parti et de religion sont moins violentes en Écosse.—Éd.

blée approuva cette mesure, même mistress Muckle-wrath, qui venait d'échapper à son accès de tendresse nerveuse, et qui dit hardiment qu'elle n'avait rien à objecter contre ce que proposait le ministre; il valait mieux que sa place; et elle espérait lui voir un jour une belle robe d'évêque sur le dos, ce qui lui irait mieux que les manteaux et les rabats de Genève....

Toute discussion ainsi terminée, Waverley, sous l'escorte de tous les habitans du village qui n'étaient pas alités, fut conduit au manoir de Cairnwreckan, à un demi-mille de distance.

CHAPITRE XXXI.

Interrogatoire.

Le major Melville de Cairnvreckan, vieux gentilhomme qui avait passé sa jeunesse dans la carrière des armes, reçut M. Morton avec cordialité, et le prisonnier avec une politesse que les circonstances équivoques dans lesquelles était Édouard rendaient froide et gênée.

S'étant informé de la blessure du maréchal, et voyant qu'il en était quitte pour la peur, et que le prévenu avait été forcé de se défendre, il termina cette affaire en faisant remettre entre ses mains par Waverley une petite somme au profit du blessé.

— Je désirerais bien sincèrement, dit-il à Waverley, que tous mes devoirs fussent finis là ; mais je suis obligé de vous demander quel est le motif qui vous fait voyager dans ce pays par les temps malheureux où nous sommes?

Ebenezer Cruikshanks s'approcha du magistrat pour lui faire part des soupçons qu'il avait conçus d'après la réserve de Waverley, et sur la manière dont Callum Beg avait éludé ses questions. — Son cheval, ajouta-t-il, appartenait à Vich Ian Vohr; il le savait, mais n'avait pas osé le dire en face au premier guide d'Édouard, de peur d'avoir quelque nuit sa maison brûlée sur sa tête, par cette infernale bande des Mac-Ivors. Il conclut par faire valoir le service important qu'il avait rendu à l'Église ainsi qu'au gouvernement, en arrêtant avec l'assistance de Dieu (dit-il modestement) ce délinquant suspect et formidable. Il ne dissimula pas son espoir d'être un jour récompensé, et indemnisé à l'instant de la perte de son temps, et même de sa réputation de sainteté après avoir voyagé pour des affaires d'État le jour de jeûne.

A cela le major Melville répondit avec beaucoup de gravité : — Que loin de prétendre au moindre mérite dans cette affaire, M. Cruikshanks devrait plaider pour être dispensé d'une grosse amende qui pourrait lui être infligée en punition d'avoir, au mépris d'une proclamation récente, négligé de déclarer au plus prochain magistrat l'étranger descendu à son auberge; et que puisque M. Cruikshanks se targuait tant de sa religion et de sa fidélité politique, il n'attribuerait point à la malveillance une telle conduite; mais qu'il supposerait seulement que son zèle pour l'Église et l'État s'était laissé endormir par l'occasion de faire payer double à un voyageur le louage d'un cheval. Néanmoins comme il se reconnaissait incompétent pour prononcer seul sur un délit de cette nature, il se réservait d'en rendre compte à la session du trimestre prochain (1). — Ici notre histoire ne dit plus rien de l'homme du Chandelier, qui se retira chez lui mécontent et confus.

Le major Melville ordonna à tous les villageois de rentrer chez eux, excepté deux qui remplissaient les fonctions de constables, à qui il dit d'attendre en bas. Il ne resta dans l'appartement que M. Morton, que le major invita à demeurer, une espèce de facteur faisant le rôle de greffier, et Waverley lui-même. Après un silence pénible et embarrassant, le major Melville ayant examiné les traits du jeune prévenu, d'un air plein de compassion, en jetant de temps en temps les yeux sur un papier qu'il tenait à la main, lui demanda son nom.

— Édouard Waverley.

— Je m'en doutais...... Capitaine du — de dragons, neveu de sir Everard Waverley de Waverley-Honour?

— C'est moi.......

— Jeune homme! je suis bien fâché que ce pénible devoir me soit tombé en partage.

— Major Melville, le devoir n'a pas besoin d'excuses.

— Vous avez raison : permettez-moi donc de vous demander de quelle manière vous avez employé votre temps depuis que vous avez obtenu la permission de vous absenter de votre régiment.

— Avant de répondre à cette question générale, permettez-moi de vous demander à mon tour de quoi je suis accusé, et quelle autorité m'impose l'obligation de répondre à vos questions?

— L'accusation dirigée contre vous, j'ai regret de le dire, M. Waverley, est de la nature la plus grave, et

(1) Au synode provincial. Voyez une note précédente sur les *kirk's sessions*. — Éd.

compromet votre caractère et comme citoyen et comme militaire. Vous êtes accusé d'avoir semé l'esprit de rébellion parmi les hommes placés sous votre commandement, et de leur avoir donné l'exemple de la désertion en prolongeant arbitrairement votre congé, au mépris des ordres réitérés de votre colonel...... Vous êtes accusé de haute trahison en prenant les armes contre votre roi...... On ne saurait se rendre coupable de crimes plus grands.

— Quelle autorité m'ordonne de répondre à de semblables calomnies ?

— Une autorité que vous ne pouvez récuser, et à laquelle je ne puis, moi, désobéir.

Le major Melville lui remit entre les mains un warrant ou mandat d'arrêt de la cour criminelle suprême d'Écosse, en bonne forme, contre Édouard Waverley, Esquire, suspecté de pratiques de trahison, et autres crimes et délits.

L'étonnement dont Édouard fut frappé à cette lecture parut au major Melville une preuve qu'il se reconnaissait coupable, tandis que M. Morton le regarda comme l'expression de l'innocence injustement accusée. Il y avait quelque chose de vrai dans ces deux conjectures. Quoique Édouard se sentît innocent des crimes qu'on lui imputait, en jetant un coup d'œil rapide sur sa conduite, il ne pouvait se dissimuler qu'il lui serait bien difficile de se justifier pleinement.

— C'est un des actes les plus pénibles de cette pénible affaire, reprit le major Melville après une pause, et lorsqu'il s'agit d'une accusation aussi grave, mais je suis forcé de vous inviter à me communiquer tous vos papiers.

— Vous allez les voir tous, répondit Édouard en mettant son porte-feuille et ses *memoranda* ou cahiers de notes sur la table; il n'y a qu'une pièce que je vous prierais de ne point examiner.

— Je crains de ne pouvoir condescendre à faire aucune exception.

— En ce cas, monsieur, lisez-la; mais, comme je crois qu'elle ne peut vous être d'aucune utilité, j'ose espérer que vous me la rendrez.

Il tira de son sein la lettre qu'il avait reçue le matin, et la présenta dans son enveloppe. Le major la lut en silence, et donna l'ordre à son greffier d'en faire une copie. Il inséra cette copie dans l'enveloppe, la mit sur la table, et rendit l'original à Waverley d'un air grave et triste.

Après avoir donné au prisonnier (car notre héros l'était) le temps de recueillir ses idées, le major Melville reprit son interrogatoire en disant que puisque M. Waverley semblait se refuser à des questions générales, il se réduirait à une information spéciale Il procéda donc à ses fonctions, et dicta au scribe la substance de ses demandes et réponses.

— M. Waverley connaissait-il un nommé Humphry Hougthon, sous-officier dans les dragons de G — ?

— Je le connais très-bien; il était brigadier dans ma compagnie, et fils d'un des fermiers de mon oncle.

— C'est très-bien. N'avait-il pas votre confiance et une grande influence sur ses camarades?

— Je n'ai jamais eu besoin d'un pareil homme pour confident. Je faisais cas du brigadier Hougthon comme d'un sous-officier intelligent et actif; je crois qu'il était à cause de cela plus estimé de ses camarades.

— Vous avez souvent employé cet homme pour communiquer avec les jeunes gens que vous aviez recrutés à Waverley-Honour.

— Je n'en disconviens pas. Ces pauvres diables, incorporés dans un régiment presque entièrement composé d'Écossais et d'Irlandais, s'adressaient à moi pour tous leurs besoins; il est tout naturel qu'ils prissent pour interprète leur brigadier, qui était leur compatriote.

— Vous convenez donc qu'il avait la plus grande influence sur les recrues que vous aviez amenées?

— J'en conviens; mais qu'a de commun, je vous prie, cette particularité avec ce dont il s'agit en ce moment?

— Je vais vous le dire : je vous prie de mettre dans vos réponses la plus grande franchise. Depuis que vous avez quitté le régiment, n'avez-vous entretenu aucune correspondance directe ou indirecte avec le brigadier Hougthon?

— Moi, entretenir correspondance avec un homme de ce rang! Et pourquoi, je vous prie, ou dans quelle intention l'aurais-je fait?

— C'est ce que vous allez avoir la bonté de m'expliquer. Ne lui avez-vous donné aucune commission de livres?

— A cet égard, je me rappelle lui avoir donné une commission insignifiante, et cela parce que mon domestique ne savait pas lire. Je le chargeai d'emballer quelques livres dont je lui faisais passer la liste, et de me les adresser à Tully-Veolan.

— De quelle nature étaient ces livres?

— C'étaient en grande partie des ouvrages de littérature, et ils devaient servir aux lectures d'une jeune dame.

— Parmi ces ouvrages de littérature, n'y avait-il pas des pamphlets, et des traités politiques contraires au gouvernement?

— Il s'y trouvait, je l'avoue, quelques traités sur la politique; mais je les ai à peine regardés. Ils m'avaient été adressés par un ami affectueux, dont le cœur vaut mieux que l'esprit et la sagacité politique : ces écrits semblaient être des productions fort insipides.

— Cet ami est sans doute un M. Pembroke, prêtre non assermenté, l'auteur de deux manuscrits trouvés dans vos malles?

— Je vous jure, foi de gentilhomme, que je n'en ai jamais lu six pages.

— Je ne suis pas votre juge, M. Waverley; vos réponses seront transmises à qui de droit. Connaissez-vous le nommé Wily Will, ou Will Ruthven?

— Je n'avais pas encore entendu prononcer ce nom.

— Ne vous êtes-vous jamais servi de son intermédiaire pour engager le brigadier Humphry Hougthon à déserter avec ses camarades, afin de venir se joindre aux Highlanders et autres rebelles, qui viennent de prendre les armes sous les ordres du jeune *Prétendant?*

— J'ose vous assurer, sur mon honneur, que non-seulement je n'ai point participé à ce complot, mais que je ne voudrais, pour aucun prince au monde, ni pour obtenir un trône moi-même, me rendre coupable d'une perfidie semblable.

— Cependant, monsieur, en examinant cette enveloppe écrite par un de ces gentilshommes égarés, et les vers qu'il vous a adressés, je ne puis m'empêcher de trouver une analogie entre les exploits du capitaine Wogan et les faits dont on vous accuse. L'auteur de la lettre vous le propose pour modèle.

Waverley fut frappé de cette coïncidence; cependant il représenta que les désirs ou les espérances de la personne qui lui avait écrit ne pouvaient être regardés comme preuve d'une accusation d'ailleurs chimérique.

— Je sais, de la manière la plus positive, dit le major, que, pendant votre absence du régiment, vous n'avez pas quitté le château de ce chieftain des Highlands ou celui de M. Bradwardine, qui est aussi en armes pour cette malheureuse cause.

— Je ne disconviens pas d'avoir habité chez eux; mais j'affirme, sur mon honneur, que je ne connaissais nullement leurs projets contre le gouvernement.

— J'ose espérer, monsieur, que vous ne nierez pas que vous avez suivi votre hôte Glennaquoich au rendez-vous où, sous prétexte d'une grande chasse, la plupart des complices de sa trahison s'étaient réunis pour se concerter sur les mesures à prendre.

— Je ne nie pas de m'être trouvé à ce rendez-vous; mais je soutiens que je n'y ai rien vu ni entendu qui pût me faire soupçonner qu'ils eussent le projet dont vous parlez.

— Ne partîtes-vous pas de ce rendez-vous avec Glennaquoich et une partie de son clan, pour aller joindre l'armée du jeune Prétendant? Après lui avoir fait votre cour, vous revîntes pour armer et discipliner le reste de ses hommes, et les réunir aux autres en marche vers le sud.

— Je n'ai jamais fait de voyages semblables avec Glennaquoich; je n'ai jamais entendu dire que la personne que vous venez de nommer fût dans le pays.

Waverley raconta, dans le plus grand détail, l'accident qui lui était arrivé à cette chasse; il ajouta qu'à son retour il avait appris sa destitution, et qu'alors, pour la première fois, il avait cru apercevoir, parmi les Highlanders, des symptômes qui paraissaient indiquer qu'ils songeaient à prendre les armes; que, n'ayant pas le moindre projet de se joindre à eux, et rien ne le retenant en Écosse, il était parti pour son pays natal, d'après les ordres de ses parens. Il pria le major de lire les lettres qui étaient sur la table. — Le major fit droit à sa demande, et lut les lettres de sir Richard, de sir Everard et de la tante Rachel; mais il n'en tira pas les conséquences auxquelles Waverley s'attendait. Elles respiraient le mécontentement et parlaient de vengeance; et celle où la pauvre tante Rachel se déclarait ouvertement pour la légitimité de la cause des Stuarts semblait contenir l'aveu formel de ce que les autres n'indiquaient qu'obscurément.

— M. Waverley, dit le major, permettez-moi de vous faire une autre question. N'avez-vous pas reçu plusieurs lettres de votre colonel, qui vous enjoignait de revenir à votre poste, et qui vous informait qu'on se servait de votre nom pour propager l'esprit de désertion parmi vos soldats?

— Non, monsieur le major; mon colonel m'a écrit une première fois de la manière la plus honnête et la plus amicale, pour m'inviter à ne pas passer tout le temps de ma permission à Bradwardine; mais c'était selon moi, je l'avoue, une chose dont il n'avait pas le droit de se mêler.... Enfin je reçus une seconde lettre du colonel G*** le jour même où la gazette m'apprenait ma destitution. Il m'ordonnait positivement de rejoindre mon régiment ; mais à cause de l'absence dont je parlais tout à l'heure, c'était un ordre qui me parvenait trop tard... S'il m'a écrit d'autres lettres dans l'intervalle, et l'estime que mérite le colonel G*** rend cette supposition probable, je ne les ai pas reçues.

— J'ai oublié, M. Waverley, de vous faire part d'une circonstance qui, quoique moins importante, vous a cependant fait beaucoup de tort aux yeux du public. On a dit qu'un toast de rébellion fut porté devant vous, et que, quoique officier au service de Sa Majesté, vous souffrîtes qu'un tiers demandât raison de cette insulte... Les tribunaux ne pourront vous faire un crime de votre conduite ; mais si, comme on me l'a dit, les officiers de votre régiment vous ont demandé une explication sur cette affaire, je suis étonné qu'en votre double qualité de gentilhomme et de militaire, vous ne vous soyez pas fait un devoir de répondre à leur désir.

C'en était trop pour Édouard. Accablé sous le poids d'une masse d'accusations, où les mensonges se mêlaient aux vérités, de manière à ne pouvoir les distinguer ; se voyant seul, sans amis, dans un pays étranger, il crut toucher au dernier moment de son honneur et de sa vie. Il appuya douloureusement sa tête sur sa main, bien décidé à ne plus répondre aux questions qu'on pourrait lui faire, puisque sa candeur et sa franchise n'avaient servi qu'à fournir des armes contre lui.

Le major, sans éprouver de surprise ni de trouble, continua tranquillement son interrogatoire.

— Que me sert de vous répondre? lui dit Édouard d'une voix étouffée ; vous paraissez persuadé que je suis coupable, et mes réponses ne font que vous confirmer dans votre persuasion : jouissez de votre triomphe, et cessez de me tourmenter. Si je suis coupable de l'infâme lâcheté et de l'horrible perfidie dont vous m'accusez, je ne mérite pas que vous ajoutiez la moindre foi à tout ce que je puis vous dire ; je me repose sur celui qui lit au fond des cœurs : ma conscience ne me reproche rien. Je vous le répète, je ne vois pas pourquoi je continuerais à vous prêter des armes pour triompher de mon innocence : ne vous donnez donc plus la peine de m'interroger, je ne vous répondrais pas. En disant ces mots, il reprit l'attitude d'un homme décidé à se taire.

— Permettez-moi, lui dit le magistrat, de vous donner une raison qui pourrait vous engager à un aveu franc et sans réserve. L'inexpérience de la jeunesse, M. Waverley, la livre aux pièges de tout homme plus politique et plus artificieux. Un de vos amis du moins (je veux parler de Mac-Ivor de Glennaquoich) est au premier rang dans cette seconde classe, comme votre candeur apparente, votre jeunesse et votre ignorance des mœurs des Highlands, me persuaderaient que vous êtes de la première. Dans ce cas, une fausse démarche, une erreur comme la vôtre, que je m'estimerais heureux de trouver involontaire, peuvent s'excuser, et je m'offre volontiers comme intercesseur ; mais, comme vous devez être au courant de la force réelle, des moyens de réussite et des plans de ceux qui ont pris les armes dans ces contrées, j'ose espérer que vous mériterez ma médiation dans cette affaire, par un aveu de tout ce que vous savez sur cet objet. Je croirais alors pouvoir vous promettre qu'une courte détention serait la seule peine que vous subiriez pour la part que vous auriez prise dans ces malheureuses intrigues.

Waverley, ayant écouté très-attentivement jusqu'au bout cette longue exhortation, se leva de sa chaise avec une énergie qu'il n'avait pas encore montrée depuis qu'on l'interrogeait.

— Monsieur le major, reprit-il, jusqu'à présent j'ai répondu à vos questions avec franchise, ou refusé d'y satisfaire avec modération, parce qu'il s'agissait de moi seul; mais puisque vous m'estimez assez peu pour me croire capable de remplir le rôle de dénonciateur contre des personnes qui m'ont donné l'hospitalité, quelle que soit leur conduite politique, je vous déclare que je regarde cette invitation comme plus injurieuse que vos soupçons calomnieux, et puisque, dans ma cruelle position, je n'ai d'autre moyen de prouver mon juste ressentiment contre vos insinuations, qu'en les bravant, je vous déclare que vous m'arracherez le cœur plutôt qu'une seule syllabe sur des sujets dont je n'ai pu rien apprendre que dans la confiance d'une hospitalité sans réserve.

M. Morton et le major se regardèrent; et le premier, qui, dans le cours de l'interrogatoire, avait toussé plusieurs fois, eut recours à sa tabatière et à son mouchoir.

— M. Waverley, dit le major, l'emploi que je remplis me défend également de vous faire la moindre injure, ni d'en recevoir de votre part : je terminerai donc une discussion qui semblerait nous y exposer l'un ou l'autre. Je me vois obligé à regret de signer un mandat de détention contre vous; mais ma maison vous servira de prison.... Je craindrais d'essuyer un refus en vous invitant à partager notre souper? — (Édouard fit un signe de tête pour refuser.) — Je vous ferai porter des rafraîchissemens dans votre appartement.

Édouard le salua, et sortit sous la garde des officiers de justice, qui le conduisirent dans une petite chambre très-propre. Il refusa toute espèce de nourriture, et se jeta sur son lit, accablé sous le poids du chagrin et de la fatigue.

Il tomba bientôt dans un profond sommeil, contre sa propre attente; mais on dit des sauvages de l'Amérique du Nord que lorsque, dans le cours de leurs tortures, ils obtiennent la moindre interruption de souffrance, ils s'endorment jusqu'à ce que l'application du feu vienne les réveiller.

CHAPITRE XXXII.

Conférence et ses suites.

Le major avait retenu M. Morton pour assister à l'interrogatoire de Waverley, soit dans l'espoir de se servir de ses lumières, soit parce qu'il était charmé d'avoir un témoin de la manière franche et loyale avec laquelle il procédait à ses fonctions, dans une affaire qui intéressait l'honneur et la vie d'un jeune Anglais d'une famille très-ancienne, et qui devait hériter d'une grande fortune. Il savait que sa conduite serait rigoureusement scrutée, et il désirait placer sa justice et son intégrité hors de toute atteinte.

Quand Waverley se fut retiré, le laird et le pasteur de Cairnvreckan se mirent à table pour souper. Pendant tout le temps que les domestiques furent auprès d'eux,

M. Morton garda le silence, ainsi que le major. Ils étaient trop occupés l'un et l'autre de l'interrogatoire qui venait d'avoir lieu, pour choisir un autre sujet de conversation, et se souciaient fort peu de faire connaître leurs pensées en présence des domestiques. La jeunesse et l'apparente franchise de Waverley contrastaient d'une étrange manière avec les soupçons qui planaient sur lui. La naïveté de ses réponses, la sérénité de son visage, ne permettaient pas de le mettre au nombre des intrigans de profession, et tout parlait en sa faveur.

Ils réfléchissaient l'un et l'autre sur toutes les particularités de l'interrogatoire, et chacun les voyait d'après sa manière de juger. Ils étaient tous deux des hommes doués d'une pénétration et d'une raison élevées, tous deux capables de comparer les diverses parties d'une déposition, et d'en tirer les conclusions nécessaires : mais la grande différence qui existait entre leur éducation et les habitudes de leur état, produisaient quelquefois une différence non moins grande entre les déductions que chacun tirait des mêmes prémisses.

Le major, ayant passé une partie de sa vie dans les camps et dans les villes de guerre, était vigilant par profession, prudent par expérience ; il avait rencontré beaucoup de méchans dans le monde, et, quoique lui-même magistrat intègre et homme d'honneur, son opinion des autres était sévère, et sévère quelquefois jusqu'à l'injustice. M. Morton, au contraire, n'avait quitté les études littéraires du collège, où il était également aimé de ses camarades et de ses supérieurs, que pour venir jouir de la simple aisance de son ministère ; là il avait eu peu d'occasions d'observer le mal ; il ne s'en occupait jamais que pour encourager au repentir et à une meilleure vie. Ses paroissiens, touchés de son zèle affectueux, cherchaient à lui prouver leur attachement et leur respect, en lui cachant avec soin tout ce qui pouvait lui faire le plus de peine, c'est-à-dire leurs propres violations des devoirs qu'il passait sa vie à leur recommander. C'était une espèce de proverbe dans le pays, où ces deux hommes étaient également populaires : — que le laird connaissait tout le mal qui se faisait dans la paroisse, et le ministre tout le bien.

L'amour des lettres, quoique subordonné aux devoirs et aux études de son ministère, distinguait aussi le pasteur de Cairnvreckan, et avait, de bonne heure, donné à son imagination une teinte romanesque que les événemens de la vie réelle n'avaient pas tout-à-fait dissipée. La perte prématurée d'une femme aimable et jeune qu'il avait épousée par amour, et d'un fils qui suivit de près sa mère au tombeau, avait encore contribué, après le laps des années, à entretenir son penchant naturel à la mélancolie contemplative. Il n'est donc pas étonnant que les sentimens qu'il éprouvait en ce moment différassent entièrement de ceux du rigide presbytérien, du sévère magistrat et de l'homme du monde défiant.

Lorsque les domestiques se furent retirés, le silence continua jusqu'à ce que le major se versa un verre de vin, fit passer la bouteille à M. Morton, et commença l'entretien en ces termes :

— Malheureuse affaire que celle-ci ! M. Morton. J'ai peur que ce jeune étourdi ne se soit mis bien près de la corde.

— Dieu l'en préserve ! répondit l'ecclésiastique.

— Ainsi soit-il ! dit le magistrat temporel ; mais je

crois que votre logique charitable ne saurait nier ma conclusion.

— Mais sûrement, major, ce que nous avons entendu ce soir me fait espérer que nous pourrons prévenir ce malheur.

— En vérité! Mais, mon cher ministre, vous êtes de ces gens qui voudraient étendre à tous les criminels le privilège du clergé (1).

— Oui, n'en doutez pas; miséricorde et patience, voilà les bases de la doctrine que je suis chargé d'enseigner.

— C'est répondre en digne ecclésiastique; mais votre système de pardonner à tous les coupables ferait le plus grand tort à la société. Je n'entends point faire une application particulière à ce jeune homme;..... je désire bien sincèrement pouvoir lui être utile: j'aime sa modestie et sa vivacité; mais je crains qu'il ne soit impossible de le sauver.

— Et pourquoi? des milliers d'imprudens, mal conseillés, sont en ce moment armés contre le gouvernement; plusieurs, n'en doutez pas, ont cru devoir suivre les principes qu'ils ont, pour ainsi dire, sucés avec le lait, et croient mériter la palme du martyre... La justice, en choisissant ses victimes (je ne suppose pas qu'on ait

---

(1) Le bénéfice du clergé remonte aux premiers temps de la puissance de l'Eglise. Les membres du clergé obtinrent, quel que fût le crime qu'ils auraient commis, d'être exemptés de la peine capitale. Dans la suite, ce privilège fut étendu à tous ceux qui savaient lire. Mais, quand les connaissances commencèrent à se multiplier, il y eut nécessité de retirer cette immunité, et le bénéfice du clergé ne s'appliqua plus qu'aux membres du clergé et à certains cas définis par la loi anglaise dans l'intérêt des laïques. — Éd.

le projet de tout détruire), la justice examinera les motifs qui ont fait agir les rebelles. Celui qui, pour obtenir des places lucratives, n'a pas craint d'allumer la guerre civile au sein de sa patrie, doit payer tous les maux qu'il a faits ; mais certainement les jeunes gens qui n'ont été entraînés que par des illusions de chevalerie et de loyauté sont en droit d'espérer leur grace.

— Lorsque les illusions de chevalerie et de loyauté, se trouvent associées au crime de haute trahison, je ne connais pas de tribunal dans toute la chrétienté, mon cher M. Morton, où les coupables puissent réclamer leur *habeas corpus* (1).

— Je ne vois pas que le crime de ce jeune imprudent soit bien constaté.

— Parce que votre pénétration est égarée par la bonté de votre cœur. Veuillez écouter ce que je vais vous dire : — Ce jeune homme descend d'une famille de jacobites héréditaires; son oncle a constamment été le chef des Torys dans le comté de***; son père nourrit le ressentiment d'un courtisan disgracié; son gouverneur est un ecclésiastique qui a refusé le serment, et l'auteur de deux énormes volumes qui prêchent la révolte. Ce jeune homme, dis-je, entre au régiment de G....., amenant avec lui un corps de jeunes gens tous nés sur les terres de son oncle; ils n'ont pas craint dans

---

(1) Ces mots signifient ici liberté individuelle. On sait que c'est le titre de la loi qui protège en Angleterre les citoyens contre tout emprisonnement illégal. Plusieurs lois anglaises sont ainsi désignées par les premiers mots d'un *considérant* qui remonte souvent à une époque très-reculée où le texte des lois était en latin. La jurisprudence anglaise a, du reste, retenu beaucoup plus de mots latins que la nôtre. — Éd.

leurs disputes avec leurs camarades, de faire connaître les principes religieux qu'ils ont puisés à Waverley-Honour. Ce jeune homme a toutes sortes d'attentions et de complaisances pour ses subordonnés ; il leur fournit de l'argent bien au-delà de leurs besoins, et contrairement à la discipline militaire ; il les place sous la surveillance d'un jeune brigadier qui leur sert d'intermédiaire pour leurs communications secrètes avec leur capitaine : c'est le seul officier qu'ils respectent, tandis qu'ils affectent de se montrer indépendans des autres, et supérieurs à leurs camarades.

— Tout cela, mon cher major, ne prouve autre chose que leur sincère attachement pour leur jeune seigneur, et leur pénible situation dans le régiment presque entièrement composé d'Écossais ou d'Irlandais, toujours prêts à leur chercher querelle comme Anglais et comme Anglicans.

— Bien parlé, mon cher ministre ; je voudrais que certains membres de votre synode vous entendissent ; mais permettez-moi de continuer. Ce jeune homme obtient la permission de s'absenter de son régiment : il se rend à Tully-Veolan.... Tout le monde connaît les principes du baron de Bradwardine ; je ne parlerai pas des services que lui rendit l'oncle de Waverley dans la guerre de 1715. C'est à son instigation que ce jeune homme a renvoyé son brevet. Son colonel lui a écrit plusieurs fois, d'abord avec la plus grande douceur, ensuite d'un ton plus sévère. Vous ne douterez point de ce que j'avance lorsque vous saurez que c'est le colonel lui-même qui me l'a dit. Le corps d'officiers du régiment invite ce jeune homme à leur donner l'explication d'une dispute qu'il a eue ; il ne daigne répondre ni à son commandant, ni à ses camarades. Cependant les soldats de sa compagnie se montrent mutins, insubordonnés, et lorsque enfin leur rébellion devient publique, le brigadier Houghton, ainsi qu'un autre de ses amis, sont surpris entretenant une correspondance avec un émissaire français envoyé, à ce que l'on prétend, par le capitaine Waverley, pour les inviter à déserter avec leurs camarades, et venir le joindre au quartier-général du prince Charles. A la même époque le loyal capitaine fait sa résidence, de son aveu, à Glennaquoich chez le jacobite le plus actif, le plus adroit, le plus déterminé de toute l'Écosse; il l'accompagne au fameux rendez-vous de chasse, s'il n'a pas été plus loin, comme il le nie. Son colonel lui adresse de nouveau deux lettres : l'une lui donnait avis de l'esprit de rébellion qui régnait dans sa compagnie, l'autre lui enjoignait de rejoindre son régiment : loin d'obéir il envoie sa démission.

— Il était déjà destitué.

— Cela est vrai; mais il dit dans sa lettre qu'il est fâché d'avoir été prévenu. On arrête ses bagages, soit à sa garnison, soit à Tully-Veolan : qu'y trouve-t-on ? une collection de pamphlets jacobites capables d'infecter tout un pays, et deux manuscrits de son ami et son précepteur M. Pembroke, écrits dans le même sens.....

— Il vous a dit qu'il ne les avait pas lus.

— Dans toute autre circonstance je pourrais le croire, car j'avoue que le style en est lourd et stupide autant que la doctrine en est abominable; mais, je vous le demande, peut-on supposer que ce jeune homme eût fait son *vade mecum* de ces deux monstrueux traités, s'il ne professait pas les principes qu'ils contiennent? Ensuite, lorsqu'il est informé de l'approche des rebelles, il prend une espèce de travestissement, il refuse de dire son nom; et, s'il faut en croire le vieux fanatique du *Chandelier,* il montait le cheval de Glennaquoich. Il porte sur lui des lettres de ses parens, qui respirent la haine la plus forte contre la maison de Brunswick; plus une pièce de vers à la mémoire d'un certain Wogan, qui abandonna le service du parlement pour se joindre aux montagnards armés pour rétablir sur le trône la maison de Stuart, et qui leur amena un corps de cavalerie anglaise, — c'est la contre-partie de sa propre conduite, — et ladite pièce se termine par un — va, et fais-en de même — que lui adresse ce loyal sujet, et personnage paisible Fergus Mac-Ivor de Glennaquoich Vich Ian Vohr, etc. Enfin, continua le major Melville en s'échauffant dans le détail de ses argumens, où trouvons-nous cette seconde édition du Cavalier Wogan? Nous le trouvons sur le chemin le plus propre à l'exécution de ses desseins, et lâchant son coup de pistolet sur le premier des sujets du roi qui ose suspecter ses intentions!

M. Morton, en homme prudent, se garda bien de contredire le magistrat; ses argumens n'eussent servi qu'à le confirmer dans son opinion : il se contenta de lui demander de quelle manière il se proposait de disposer de son prisonnier.

— C'est une question assez difficile en considérant la situation du pays.

— Ne pourriez-vous pas le garder chez vous jusqu'à ce que l'orage soit dissipé?... C'est un jeune homme, et un jeune homme bien né.

— Mon cher ami, ma maison ne sera pas plus préservée que la vôtre de l'orage qui gronde autour de nous. Je viens d'être informé que le général en chef qui marche contre les insurgés a refusé de livrer bataille à Corryerick; qu'il s'est dirigé vers le nord avec toutes ses forces disponibles, pour se rendre à Inverness, à John-o' Groat's House, ou au diable, que je sache, laissant les Lowlands sans défense et ouverts à l'armée des Highlanders.

— Grand Dieu ! que dites-vous ? Est-ce lâcheté, trahison, ou impéritie ?

— Ce n'est aucune de ces trois choses. Il a, je crois, tout le courage d'un soldat ; il est honnête homme, il connaît les ordres qu'il a reçus, et obéit à ce qu'on lui a commandé ; mais il n'est pas plus en état d'agir par lui-même dans une circonstance critique, que je ne suis à même de vous remplacer en chaire.

Ces observations importantes firent perdre un instant de vue l'affaire de Waverley ; mais le major ne tarda pas à la remettre sur le tapis.

— Je me propose, dit-il, de confier ce jeune homme au commandant d'un corps de volontaires qui revient d'organiser les milices bourgeoises dans plusieurs districts un peu suspects. Ils ont reçu l'ordre de se rendre à Stirling; un détachement doit passer ici demain, commandé par cet homme de l'ouest..... Comment l'appelez-vous ?..... Vous le connaissez : vous m'avez dit qu'il ressemblait en tout aux saints guerriers de Cromwell.

— Gilfillan le Caméronien ! je désire que notre jeune homme voyage sûrement sous son escorte ; on fait d'étranges choses dans l'exaltation où sont les esprits, au milieu d'une crise comme celle dans laquelle nous nous trouvons ; je crains que Gilfillan ne soit d'une secte qui a souffert la persécution sans y recevoir des leçons de miséricorde.

— Il ne sera chargé que de conduire M. Waverley jusqu'au château de Stirling, je lui ordonnerai de le traiter avec les plus grands égards. Je vous assure que je ne vois pas de meilleur moyen pour le sauver; et je suis persuadé que vous ne me conseilleriez pas de prendre sur moi de le mettre en liberté.

— Ne trouvez-vous aucun inconvénient à ce que je le voie en particulier demain au matin?

— Aucun, M. Morton, aucun; j'ai de sûrs garans dans votre loyauté et dans votre caractère; mais dites-moi, je vous prie, quel est votre projet en me faisant cette demande?

— Je voudrais essayer si je pourrais parvenir à le déterminer à me faire l'aveu de quelques circonstances qui pussent nous servir plus tard, sinon à excuser sa faute, du moins à la diminuer.

Les deux amis se séparèrent inquiets, et réfléchissant sur la situation du pays.

CHAPITRE XXXIII.

Confidence.

Waverley passa la nuit dans un sommeil pénible, agité de mille rêves. A peine fut-il éveillé, qu'il sentit toutes les horreurs de sa situation. Comment se terminerait-elle? Il pouvait être livré à la loi martiale, qui, dans la crise de la guerre civile, ne serait pas probablement scrupuleuse sur le choix de ses victimes, ni sur l'appréciation des preuves. Il ne pouvait penser avec plus de confiance à l'alternative d'être traduit devant une cour de justice d'Écosse, il savait que la loi et la procédure de ce royaume différaient à plus d'un égard de celles d'Angleterre; et on lui avait fait croire, quoique à tort, que la liberté et les droits du sujet y étaient moins soigneusement protégés (1). Un sentiment d'aigreur l'irrita de plus en plus contre le gouvernement qu'il regardait comme l'auteur de son embarras et du danger où il se trouvait. Il se repentit intérieurement des scrupules qui l'avaient empêché de suivre Mac-Ivor au champ de bataille.

— Pourquoi n'ai-je pas, se disait-il à lui-même, pourquoi n'ai-je pas, comme tant d'autres hommes d'honneur, embrassé la première occasion de proclamer le descendant des anciens rois de la Grande-Bretagne, et l'héritier légitime de leur couronne?— Pourquoi n'ai-je pas rejeté

> De la rébellion le signe détesté,
> Rappelant dans mon cœur l'antique loyauté,
> Pour tomber aux genoux de notre prince Charles?

Tout ce qu'il y a de gloire et de mérite dans la maison de Waverley fut fondé sur sa loyauté constante pour la maison de Stuart. A la manière dont le magistrat écossais a interprété les lettres de mon oncle et de mon père, je ne puis douter qu'ils ne désirent ardemment de me voir marcher sur les traces de mes ancêtres... C'est pour leur avoir désobéi que je suis privé de ma liberté,.... à la veille d'être mis en jugement!.... Pourquoi n'ai-je pas suivi le premier mouvement de ma juste indignation en me voyant honteusement destitué? Je serais libre, j'aurais les armes à la main, et je combattrais comme mes aïeux pour l'amour et pour la gloire..... Me voilà seul dans un pays étranger, à la merci d'un juge froid, soup-

---

(1) L'auteur trahit peut-être un peu ici l'anonyme du greffier de la cour des sessions. — Éd.

çonneux, rigide et insensible... Je dois m'attendre à passer d'un cachot affreux à l'infamie d'un supplice public... O Fergus! ta prophétie s'est accomplie promptement!

Pendant qu'Édouard se livrait naturellement à ces réflexions douloureuses, pendant qu'il rejetait sur la dynastie régnante le blâme que méritait sa propre imprudence et dont le hasard était surtout la cause, M. Morton, profitant de la permission que lui avait donnée le major, vint lui rendre visite.

La première idée de Waverley fut de le prier de ne pas troubler sa solitude, et de le prévenir qu'il n'était pas disposé à répondre à ses questions, ni à lier conversation; mais il changea d'avis en voyant l'air de bonté, de franchise et de candeur de cet ecclésiastique qui déjà l'avait préservé de la violence des habitans du village.

— Dans toute autre circonstance, lui dit-il, j'aurais le plus grand plaisir à vous témoigner ma reconnaissance pour m'avoir sauvé la vie; mais mon esprit est tellement préoccupé, que je me trouve dans l'impossibilité de vous faire les remerciemens que je vous dois pour vos bons offices.

— Ma visite, lui répondit M. Morton, n'a d'autre but que de trouver le moyen de vous être utile. Le major Melville, dont je m'honore d'être l'ami, a dû remplir les devoirs que lui imposent sa charge et son titre de militaire; je ne suis point lié par les mêmes obligations, et mon état m'ordonne d'être indulgent. Je ne cherche point à surprendre votre confiance, ni à vous arracher des aveux qui pourraient vous être préjudiciables; Dieu m'est témoin que je n'ai d'autre projet que de vous inviter à me mettre à même de faire connaître votre innocence; soyez bien persuadé du zèle que j'y apporterai. Je vous en prie, fournissez-moi l'occasion de vous rendre service selon mes faibles moyens; vous ne pouvez remettre vos intérêts en des mains plus sûres et plus fidèles.

— Vous êtes sans doute un ministre presbytérien? dit Édouard. —

M. Morton lui répondit par une inclination de tête.

— Si je consultais les préjugés dans lesquels j'ai été élevé, je me croirais obligé de me défier de vos offres de service; mais j'ai observé que de semblables préjugés sont entretenus dans ce pays contre vos frères de la foi épiscopale, et je suis porté à croire que ces préventions réciproques sont également injustes.

— Malheur à qui pense autrement! répondit M. Morton; malheur à celui qui regarderait les cérémonies comme la partie essentielle de la religion chrétienne ou de la morale!

— J'avoue, ajouta Waverley, que je crois qu'il est tout-à-fait inutile de vous fatiguer par le récit de mon histoire. Plus je réfléchis sur ma conduite, moins je comprends le véritable motif de l'accusation dirigée contre moi. Je sens bien que je suis innocent; mais je ne sais comment parvenir à me disculper.

— C'est pour cette raison, M. Waverley, que je vous prie de m'accorder votre confiance. J'ai le bonheur d'avoir pour amis plusieurs personnes du plus haut rang : je prévois que vous n'aurez pas la faculté de faire les démarches que votre position exige; je les ferai pour vous, et si mes efforts ne vous sont pas utiles, du moins ils ne peuvent vous nuire.

Waverley, après quelques minutes de réflexion, sentit que la confidence qu'il ferait à cet ecclésiastique ne pouvait nuire ni à Fergus ni au baron de Bradwardine, puisqu'ils avaient déjà pris les armes contre le gouvernement. Il lui fit donc un récit exact de toutes les particularités que le lecteur connaît déjà ; seulement il ne parla point de son amour pour Flora, et ne fit pas mention de Rose Bradwardine.

M. Morton parut surtout déconcerté en apprenant la visite que Waverley avait faite à Donald Bean Lean. — Je suis charmé, dit-il, que vous n'en ayez pas fait mention au major. Cette circonstance aurait pu faire naître d'étranges soupçons dans l'esprit des personnes qui ne connaissent pas le pouvoir de la curiosité et d'une imagination romanesque. Lorsque j'étais à votre âge, M. Waverley, j'aurais eu le plus grand plaisir à faire votre folle équipée, pardonnez-moi ce terme; mais il y a des hommes qui ne sauraient concevoir qu'on puisse se donner tant de peine sans un but important, et qui ne manqueraient pas d'assigner à votre voyage un tout autre motif que celui qu'il avait réellement. Ce Donald passe dans le pays pour une sorte de Robin-Hood : ses exploits et son adresse font le sujet des contes d'hiver au coin du feu. On ne peut disconvenir qu'il n'ait des talens supérieurs au vilain métier qu'il exerce ; comme il est ambitieux et sans scrupules, tout porte à croire qu'il se fera connaître dans les troubles qui sont sur le point d'éclater.

M. Morton recueillit une note exacte de toutes les particularités concernant l'entrevue de Waverley avec Donald.

Le tendre intérêt que ce digne ecclésiastique prenait à son infortune, la conviction entière qu'il paraissait avoir de son innocence, ranimèrent le courage d'Édouard, que la froideur du major avait mis en défiance contre tout le monde. Il serra affectueusement la main de

M. Morton, en lui disant que son amitié généreuse l'avait soulagé d'un grand poids ; et que, quel que fût son sort, il pouvait l'assurer qu'il appartenait à une famille en état de lui prouver sa reconnaissance.

M. Morton ne put retenir ses larmes, et se sentit encore plus porté à servir son jeune ami, dont la franchise attestait l'innocence.

Édouard demanda à M. Morton s'il savait dans quel endroit on devait le conduire.

— Au château de Stirling, reprit son ami : j'en suis charmé pour vous, parce que le gouverneur est un homme plein d'honneur et humain ; mais je suis inquiet sur la manière dont vous serez traité pendant la route ; le major Melville est obligé de vous confier à un autre que lui.

— J'en suis enchanté : je déteste ce froid, cet insensible magistrat écossais ; j'espère ne plus le rencontrer. Il n'a eu pitié ni de mon innocence ni de mon malheur ; et son observation glaciale des formes de la politesse, pendant qu'il me torturait par ses questions captieuses, par ses insinuations et ses suppositions, était aussi cruelle que la barbarie de l'inquisition.... Ne cherchez point à l'excuser, je vous prie : apprenez-moi plutôt quelle est la personne qui sera chargée de surveiller un prisonnier d'état de mon importance.

— On l'appelle Gilfillan ; il est de la secte des *Caméroniens*.

— Je n'avais jamais entendu parler de cette secte.

— Ils prétendent représenter cette partie plus austère des presbytériens qui, sous Charles II et Jacques II, refusèrent de profiter de la tolérance ou indulgence, comme on l'appelait, que l'on accorda aux autres membres de cette secte. Ils tenaient leurs assemblées en plein air; et, poursuivis avec cruauté et violence par le gouvernement d'Écosse, ils prirent plus d'une fois les armes.... Leur nom vient de leur chef, Richard Caméron.

— Je me souviens.... Mais le triomphe du presbytérianisme par la révolution n'éteignit-il donc pas cette secte?

— Pas du tout. Ce grand événement ne satisfit pas entièrement leur projet, qui n'était rien moins que de rétablir l'Église sur le modèle de la ligue sainte et du Covenant (1). Je crois, il est vrai, qu'ils savaient à peine ce qu'ils voulaient; mais formant un corps nombreux, et instruits dans le maniement des armes, ils fondèrent une société à part dans l'état. Lors de *l'Union* (2), ils ont

---

(1) *Covenant* signifie alliance, ligue. Ce mot seul désigne la *ligue presbytérienne,* comme dans notre histoire la *ligue* désigne l'insurrection anti-protestante du règne d'Henri III. Ce mot de *covenant,* alliance, était emprunté aux fréquentes alliances d'Israël avec Dieu. L'origine du covenant remonte à la naissance de la réforme en Écosse, où les lords de la congrégation protestante s'engagèrent par une alliance et une ligue solennelle à défendre les droits de la nouvelle Église contre les puissances de la terre et les usurpations superstitieuses de Rome. On renouvela plusieurs fois le covenant avec solennité dans le cours des luttes du protestantisme anglais. C'était alors une espèce de jubilé national, comme il arriva en 1638, une véritable régénération du presbytérianisme, qui mettait tout le peuple en fermentation. Dès l'origine, le covenant comprit la défense des droits civils et des droits religieux. — ÉD.

(2) Il s'agit ici de l'union de l'Écosse à l'Angleterre : c'est-à-dire de l'acte qui réduisit le premier royaume à n'être qu'une province de l'autre, acte d'un parlement qui prononça lui-même sa dissolution et l'anéantissement de l'indépendance écossaise; espèce de suicide politique auquel les Écossais de toutes les opinions attachèrent

même fait une ligne peu naturelle avec leurs anciens ennemis les jacobites, pour s'opposer à cette importante mesure nationale. Depuis, leur nombre a diminué peu à peu; mais il en existe encore dans les comtés de l'ouest, et plusieurs d'entre eux, mieux disposés qu'en 1707, se sont armés pour le gouvernement actuel. Cet homme qu'ils appellent Gifted (1) Gilfillan a été long-temps un de leurs chefs; il doit passer ici demain, à la tête d'un petit détachement qu'il commande, pour se rendre à Stirling, et c'est à lui que le major doit vous confier. Je vous recommanderais volontiers moi-même à ce Gilfilian; mais, imbu comme il l'est de tous les préjugés de sa secte, et puritain farouche, il ferait peu de cas de la recommandation d'un ministre érastien, comme il m'appellerait poliment. — Adieu pour le moment, mon jeune ami; je ne veux pas abuser ce matin de la complaisance du major, afin d'obtenir la permission de vous rendre une seconde visite dans le cours de la journée.

---

long-temps des épithètes d'opprobre. Il y avait eu sous Jacques Ier l'union des couronnes, lorsque ce prince réunit sur sa tête celles d'Angleterre et d'Ecosse. L'union des royaumes eut lieu sous la reine Anne. — Éd.

(1) *Gifted*, en anglais, signifie doué, inspiré: ce nom répondrait à celui de Théodore (*Don de Dieu*); mais, en y attachant un sens mystique, *Gifted Gilfillan* veut dire aussi *saint Gilfillan*, pour éluder le mot *papiste* de *saint*. — Éd.

CHAPITRE XXIV.

Les choses s'arrangent un peu.

Vers l'heure de midi, M. Morton revint, porteur d'une invitation du major Melville, qui priait M. Waverley de l'honorer de sa compagnie à dîner, malgré l'affaire désagréable qui le retenait à Cairnvreckan, et dont il désirait sincèrement que M. Waverley se tirât heureusement. La vérité était que l'opinion favorable exprimée par M. Morton avait un peu ébranlé les préventions du vieux militaire sur la prétendue complicité d'Édouard dans la rébellion qui avait eu lieu dans son régiment. D'ailleurs, dans la situation malheureuse de l'Écosse, le simple soupçon d'éloignement pour la maison de Hanovre, ou d'affection pour la cause des Stuarts, pouvait fort bien établir un crime, mais ce crime n'emportait pas avec lui la tache du déshonneur, et une personne qui avait toute la confiance du major venait de lui donner des informations tout-à-fait opposées à celles de la veille. Les Highlanders, d'après la seconde édition des nouvelles, avaient abandonné la frontière des Lowlands pour suivre l'armée du côté d'Inverness. Il ne pouvait concilier cette manœuvre avec l'habileté bien connue de quelques-uns des chefs; mais c'était la marche qui naturellement devait être la plus agréable à d'autres. Il se rappelait qu'ils avaient suivi la même tactique en 1715; il en concluait que l'insurrection aurait le même dénouement. Ces nouvelles le mirent de si bonne humeur, qu'il accepta sans difficulté la proposition que lui fit M. Morton de témoigner quelque intérêt à son jeune prisonnier. Le major ajouta lui-même qu'on ne regarderait cette affaire que comme une escapade de jeunesse, qui méritait seulement quelques jours de détention.

Le généreux médiateur ne parvint pas aisément à faire agréer l'invitation à son jeune ami : il n'osait lui faire connaître le véritable motif de sa démarche, qui était d'engager par cette complaisance le major Melville à faire un rapport favorable de l'affaire au gouverneur Blackeney. D'après le caractère ardent de notre héros, il craignait d'échouer dans son projet, s'il touchait cette corde. Il insinua que l'invitation du major prouvait que celui-ci était persuadé qu'il n'y avait rien dans la conduite de Waverley qui pût compromettre le militaire et l'homme d'honneur. Bref, il s'y prit si bien, qu'il triompha de la répugnance qu'éprouvait Édouard à se trouver avec un homme dont la civilité était si froide et si formaliste.

La réception fut sèche et cérémonieuse, mais Édouard ayant accepté l'invitation et étant surtout ramené à des sentimens plus doux par la bienveillance de M. Morton, il se crut obligé de montrer de l'aisance, sans pouvoir néanmoins affecter de la cordialité. Le major était du reste assez *bon vivant*, et son vin délicieux. Il raconta la vieille histoire de ses campagnes, et montra une grande connaissance des hommes et des choses. M. Morton avait un fonds de gaieté douce et paisible qui manquait rarement d'animer les petites parties où il se trouvait à son aise. Waverley, dont la vie était un songe, s'abandonna à l'impulsion du moment, et devint bientôt le plus enjoué des trois. Il avait naturellement la conversation très-agréable, quoique le découragement le réduisît facilement au silence ; dans la circonstance présente, il se piqua de donner une bonne opinion de son courage, et de se montrer supérieur à sa mauvaise fortune. Il réussit à plaire par sa bonne humeur ; les trois convives semblaient charmés les uns des autres, et le major insistait pour vider une troisième bouteille de Bourgogne, lorsqu'ils entendirent dans l'éloignement le bruit d'un tambour. Le major, à qui le plaisir de parler guerre avait fait oublier ses devoirs de magistrat, maudit, en marmottant un juron militaire, le contre-temps qui le rappelait à ses fonctions officielles. Il se leva, et s'approcha d'une fenêtre d'où la vue s'étendait sur la grande route.

Le bruit du tambour allait toujours se rapprochant ; ce n'était point le son d'une marche guerrière, mais une espèce de roulement, semblable à celui qui appelle au feu les artisans endormis d'un bourg d'Écosse. Le but de cette histoire est de rendre justice à chacun. Je dois donc, en conscience, déclarer que le tambour avait protesté qu'il savait battre toutes les marches connues dans l'armée anglaise, et avait même commencé par celle des *tambours de Dumbarton*. Mais le chef de la troupe lui imposa silence. Ce chef était Gifted Gilfillan qui, refusant de laisser marcher ses soldats au son de ce roulement profane et même persécuteur, selon lui, fit battre au tambour le cent dix-neuvième psaume. Cet air était au-dessus de la science du batteur de parchemin ; il eut recours au *roulement* inoffensif, par lequel les convives avaient été interrompus, et qu'il substitua à la musique sacrée. Ceci peut paraître une circonstance frivole, mais le tambour en question n'était rien moins que le tambour de la ville d'Anderton. Je me souviens encore de son successeur, membre de ce corps éclairé, la *Convention britannique* (1). Que sa mémoire soit donc traitée avec respect !

(1) Convention britannique. L'allusion est ici évidemment ironique. Il s'agit probablement d'une assemblée de corporations analogues à la convention des bourgs royaux d'Écosse, qui se réunit annuellement à Édimbourg, et se compose de deux députés par bourg pour s'occuper de réglemens commerciaux et de certaines taxes, etc. Dans l'histoire anglaise, le mot *convention* signifie assemblée nationale, et ce titre était donné en Angleterre comme en Écosse aux assemblées d'État convoquées sans le *writ* du roi (sans l'invitation légale du monarque). Ce furent des *conventions* qui décidèrent l'abdication de Jacques II, et qui se constituèrent en parlement, etc. — Mais il est question ici de quelque assemblée moins importante, malgré le mérite de son tambour. — Éd.

CHAPITRE XXXV.

Un volontaire il y a soixante ans.

Quand le major entendit le son discordant du tambour, il ouvrit à la hâte une porte vitrée qui donnait sur une espèce de terrasse extérieure ; il y fut suivi par M. Morton et par son jeune ami. Ils aperçurent bientôt distinctement, d'abord le tambour, ensuite un large drapeau à quatre compartimens, portant, en gros caractères : COVENANT, KIRK, KING, KINGDOMS (1). Le commandant de la troupe marchait immédiatement après le porte-drapeau ; c'était un homme grand et sec, au regard dur et sévère, âgé d'environ soixante ans. L'orgueil qu'on remarquait sur la figure de l'aubergiste du *Chandelier* annonçait une dévotion hypocrite et dédaigneuse ; mais, sur celle de ce chef, il avait un caractère d'élévation, et en même temps de sombre fanatisme ; il était impossible de le voir sans que l'imagination le plaçât au

(1) *Covenant* (alliance), *kirk* (*scotice*, église), *king* (roi), *kingdoms* (royaumes). — Éd.

milieu de quelque crise extraordinaire où un principe religieux serait la cause de la fermentation générale. Martyr dans les tortures, soldat sur un champ de bataille, banni et errant, mais consolé dans sa solitude et ses privations terrestres par la force et la pureté supposée de sa foi ; peut-être même inquisiteur farouche, aussi terrible en exerçant le pouvoir qu'inflexible dans l'adverse fortune,... ce personnage aurait pu également, suivant les circonstances, donner l'idée de l'un de ces caractères. Avec tous ces traits d'énergie, il y avait quelque chose d'affecté et de prétentieux dans la gravité de son maintien et de ses discours, qui allait jusqu'au ridicule. En voyant M. Gilfillan, on eût pu, suivant l'humeur où l'on se trouvait, éprouver un sentiment de crainte, d'admiration, ou l'envie de rire. Il portait l'habillement des paysans écossais des comtés de l'ouest, d'une étoffe plus fine que celle des plus pauvres, mais sans la moindre prétention d'adopter la mode du jour, ou celle des gentilshommes écossais dans aucun temps. Il était armé d'une épée à large lame, et d'une paire de pistolets qui, à en juger par leur forme antique, pouvaient avoir figuré à la déroute de Pentland-Hills (1), ou à celle du pont de Bothwell (2).

(1) La bataille de Pentland-Hills eut lieu le 28 novembre 1666. La révolte des presbytériens fut occasionée par le traitement cruel qu'on fit éprouver à un pauvre homme qui n'était pas en état de payer les amendes auxquelles l'Église l'avait condamné. Les insurgés marchèrent sur la capitale ; mais dans la route le découragement en fit déserter un grand nombre, et le reste fut poursuivi dans les monts Pentland, à quatre milles ouest d'Édimbourg, où ils furent dispersés par le général Dalziel. — Éd.

(2) Les *Puritains* nous dispensent de donner ici une longue note ; la bataille du pont de Bothwell est connue aujourd'hui en Europe comme en Écosse. — Éd.

Lorsqu'il fut arrivé près du balcon, il toucha solennellement, mais légèrement, de sa main droite sa large toque bleue, pour rendre au major le salut que celui-ci lui avait fait en ôtant son petit chapeau triangulaire bordé en or.

Waverley crut un moment qu'il voyait le chef des Têtes-Rondes d'autrefois en conférence avec un des officiers de Marlborough. Ce digne commandant conduisait une troupe d'environ trente soldats diversement vêtus et équipés; ils avaient le costume ordinaire des Lowlands, de différentes couleurs; ce qui, contrastant avec leurs armes, leur donnait l'apparence d'une populace en désordre; tant les yeux sont accoutumés à unir l'uniformité des costumes avec le caractère militaire! Au premier rang marchaient quelques hommes qui partageaient sans doute l'enthousiasme de leur chef, et dont le courage naturel eût été redoutable dans un combat où le fanatisme religieux l'eût exalté. D'autres se redressaient et se pavanaient, fiers de porter les armes, et avec toute l'importance que leur donnait la nouveauté de leur situation. Les derniers, fatigués probablement de la route, se traînaient négligemment, ou s'écartaient pour aller se rafraîchir dans les cabarets ou les chaumières voisines. — Six grenadiers du régiment de Ligonier, pensa le major en se reportant au temps de ses campagnes, auraient bientôt dispersé tous ces gens-là!

Néanmoins il s'adressa poliment à M. Gilfillan pour lui demander s'il avait reçu la lettre qu'il avait eu l'honneur de lui écrire, et s'il pouvait se charger du prisonnier d'état dont il lui avait parlé, pour être conduit jusqu'au château de Stirling.

— *Oui*, fut la réponse concise du chef des Caméroniens, et qui sembla sortir du fond de ses entrailles.

—Votre escorte, monsieur Giffillan, n'est pas aussi nombreuse que je le croyais.

— Plusieurs de mes hommes étaient dévorés par la faim et la soif, j'ai dû leur donner le temps de se rafraîchir avec la parole.

— Je suis fâché qu'ils ne m'aient pas fait l'honneur de venir se rafraîchir à Cairnvreckan; tout ce que je possède est à la disposition de tous ceux qui servent le gouvernement.

— Ce n'est point des rafraîchissemens de la créature que j'ai voulu parler, répondit Gilfillan au major avec un sourire presque méprisant : néanmoins je vous remercie; mais une partie de ma troupe jouit en ce moment du bonheur d'entendre l'exhortation du soir faite par le précieux M. Jabesh Rentowel.

— Comment, Monsieur, au moment où les insurgés sont prêts à se répandre dans le pays, vous avez pu vous déterminer à laisser une partie de votre troupe à un sermon au milieu des champs!

Gilfillan sourit encore avec dédain, et se contenta de faire cette réponse indirecte :

— Les enfans de ce monde sont donc plus sages dans leur génération que les enfans de la lumière!...

— Quoi qu'il en soit, dit le major, comme vous devez conduire ce gentilhomme à Stirling, et le remettre avec ces papiers entre les mains du gouverneur, j'oserai vous inviter à prendre pendant la route quelques précautions de discipline militaire. Il me semble, par exemple, que vous feriez bien de tenir votre troupe plus serrée, d'exiger de vos hommes de garder leurs rangs, de couvrir leurs serre-files, et de ne pas se disperser comme des

oies dans une bruyère communale. Pour éviter toute
surprise, vous devriez peut-être vous faire précéder
d'une petite avant-garde, composée des plus braves de
votre détachement, et envoyer devant elle une vedette.
Par ce moyen, aux approches d'un village ou d'un bois
— (ici le major s'interrompit), — mais comme je ne
m'aperçois pas que vous m'écoutiez, M. Gilfillan, je
crois que je puis m'épargner de vous donner mes avis;
vous connaissez bien mieux que moi, je le sens, les précautions que vous devez prendre; je ne me permettrai
qu'un mot: veuillez, je vous prie, traiter avec douceur
le gentilhomme que je vous confie; ne prenez à son
égard que les mesures qui vous paraîtront indispen-
sables pour le conduire sûrement à Stirling.

— J'ai examiné, répondit Gilfillan, ma commission
signée par un digne et religieux noble, William, comte
de Glencairn, et je n'y ai pas trouvé l'obligation de
prendre les ordres ni les instructions de M. le major
William Melville de Cairnvreckan.

Le major rougit jusqu'aux oreilles, à travers la poudre
qui les couvrait, entre les boucles de sa perruque militaire, et d'autant plus qu'il remarqua que M. Morton
souriait en le regardant.

— M. Gilfillan, répondit-il avec quelque aigreur, je
vous demande dix mille pardons pour avoir osé parler
ainsi à un personnage de votre importance; mais je
croyais que comme vous avez long-temps exercé la profession de nourrisseur de bestiaux, vous deviez savoir par
expérience la différence qu'il y a entre les Highlanders et
les troupeaux des Highlands. Si le hasard vous fait rencontrer quelque ancien militaire qui veuille bien vous
faire part de ses observations, il me semble que vous pour-

riez l'écouter sans vous faire grand tort; mais je n'ai plus rien à dire, si ce n'est que je recommande ce jeune homme à votre civilité autant qu'à votre garde. — M. Waverley, ajouta le major, je suis vraiment fâché de vous voir partir, mais j'ose espérer que j'aurai le plaisir de vous revoir à Cairnvreckan dans des circonstances qui me permettront de vous en rendre le séjour plus agréable que cette fois.

En parlant ainsi, il prit la main de notre héros et la secoua amicalement. Le respectable M. Morton lui fit aussi des adieux affectueux, et Waverley monta sur son cheval qu'un des fusiliers tenait par la bride. Le détachement se forma sur deux files et se mit en marche. En traversant le village, ils furent suivis par les enfans qui s'écriaient : Eh! voyez ce gentleman du Sud qu'on va pendre pour avoir tiré un coup de pistolet sur le long John Mucklewrath, le forgeron!

CHAPITRE XXXVI.

Incident.

Il y a soixante ans qu'on avait l'habitude, en Écosse, de dîner à deux heures : c'était donc vers les quatre heures d'un beau jour d'automne que M. Gilfillan se mit en marche. Quoique Stirling fût à dix-huit milles, il pouvait y arriver ce même jour dans les premières heures de la nuit. Il se mit donc en marche d'un bon pas, à la tête de son détachement, regardant de temps en temps notre héros, de manière à faire connaître qu'il avait la plus grande envie d'entrer en conversation avec lui. Incapable de vaincre la tentation, il ralentit le pas, jusqu'à ce qu'il fût à côté du cheval du prisonnier.

— Jeune homme, dit-il brusquement à Waverley, pourriez-vous me dire quel était ce vieillard, en habit noir, et la tête poudrée, que j'ai vu auprès du laird de Cairnvreckan?

— Un ministre presbytérien, répondit Édouard.

— Presbytérien! dites un misérable érastien, ou plutôt un prélatiste caché, un partisan de la noire indulgence (1), un de ces chiens muets qui ne peuvent aboyer; et qui répètent dans leurs sermons des phrases de terreur et des phrases de consolation, sans aucun sens, sans saveur et sans vie. — Vous avez été nourri dans un semblable bercail probablement?

— Non: je suis de l'Église d'Angleterre.

— Oh! ce sont deux croyances bien voisines; il n'est pas étonnant qu'elles s'entendent si bien! Qui aurait cru que la sainte structure de l'Église d'Écosse, édifiée par nos pères en 1642, serait souillée par les vues charnelles et les corruptions du siècle? — Oui, qui aurait cru que les belles sculptures du sanctuaire seraient mutilées et renversées en si peu de temps?

Deux ou trois des assistans joignirent leurs gémissemens à ces douloureuses lamentations, et Waverley jugea qu'il était très-inutile d'y répondre. Là-dessus, M. Gilfillan, décidé à avoir un auditeur, sinon un controversiste, continua ses jérémiades.

(1) Lorsque les Stuarts s'aperçurent combien il leur était difficile de rétablir l'épiscopat en Écosse, de demi-mesure en demi-mesure, de concession en concession, ils en vinrent à faire quelques exceptions en faveur d'une partie du clergé presbytérien, dont le culte fut toléré avec de légères modifications, mais les ministres expulsés préférèrent la persécution à cette *tolérance* ou *indulgence,* qu'ils dénoncèrent comme diabolique, de peur que peu à peu le peuple ne se soumît au prélatisme modifié. Ils traitèrent donc la tolérance ou indulgence de noire perfidie, d'érastianisme satanique, etc. etc. — Éd.

— Est-il étonnant, dit-il, que lorsque, faute d'être plus sévères sur la vocation de chacun pour le ministère et les devoirs du jour, les ministres ont ces coupables complaisances pour le patronage (1), les indemnités, les sermens, les engagemens mondains, et autres corruptions ; est-il bien étonnant, dis-je, que vous, monsieur, et d'autres malheureuses personnes comme vous, travailliez à bâtir votre vieille Babel d'iniquité, comme dans les temps de la persécution sanglante et du martyre des saints. Je suis certain que si vous n'étiez pas aveuglé par les graces et les faveurs, les services et les jouissances, les emplois et les héritages de ce monde méchant, je pourrais vous démontrer par l'Écriture, dans quels sales haillons vous mettez votre confiance ; je vous prouverais que vos surplis, vos chapes et tous vos vêtemens (2) ne sont que les vêtemens de rebut de la grande prostituée assise sur les sept collines (3), et bu-

---

(1) Une des fonctions de *l'assemblée générale* du clergé d'Écosse est de nommer les pasteurs des paroisses vacantes. Cette fonction se réduit souvent à une simple approbation, car le droit de nommer le candidat est resté aux propriétaires d'anciennes terres privilégiées, qui sont de simples lairds, ou aux conseils de ville, ou à la couronne elle-même. Ce droit est généralement attaché aux terres qui avaient appartenu aux évêques catholiques ou à des communautés religieuses. On nomme *patrons* ceux qui exercent ce droit. Le *patronage* doit nécessairement paraître aux vrais presbytériens une usurpation des laïcs sur la mission toute spirituelle du prêtre ; d'autant plus que le patron peut tirer par simonie un pot de vin de son droit, aux dépens du mérite qui se met sur les rangs sans crédit. — Éd.

(2) Le culte épiscopal-anglican se rapproche en effet beaucoup du culte catholique. — Éd.

(3) Depuis la réforme les presbytériens ont trouvé dans l'Apo-

vant à la coupe d'abomination : mais vous êtes sourd comme les couleuvres, de ce côté de la tête; oui, vous êtes séduit par ses enchantemens, vous trafiquez avec elle, vous vous êtes enivré à sa coupe de fornication.

J'ignore combien de temps encore ce théologal militaire aurait continué ses invectives, dans lesquelles il n'épargnait que les restes épars des hommes des collines, Hill-Folk (1), comme il les appelait. La matière était abondante, sa poitrine infatigable, et sa mémoire très-fidèle. Il y avait peu de chances qu'il eût terminé ses déclamations avant d'être arrivé à Stirling, lorsque son attention fut attirée sur un colporteur qui avait joint le détachement par un chemin de traverse, et qui soupirait et gémissait régulièrement à toutes les pauses de cette homélie.

— Et qui êtes-vous, mon ami? demanda Gifted Gilfillan.

— Un pauvre colporteur qui se rend à Stirling, et qui réclame humblement la protection de la compagnie de Votre Honneur dans ces temps difficiles. Ah! Votre Honneur a un rare talent pour trouver et définir les secrètes.... — Oui, les secrètes, obscures et incompréhensibles causes des apostasies de ce pays.

— Oui, Votre Honneur pénètre jusqu'à la racine du mal.

— Ami, répondit Gilfillan d'un ton de voix beaucoup

---

calypse un trésor d'invectives et de comparaisons peu charitables contre Rome, la grande prostituée, comme le pape n'est autre que le vicaire du diable, ou même le diable incarné. — Éd.

(1) *Hill-Folk*, gens des collines ou des montagnes. Gilfillan désigne par là les presbytériens proscrits et les prédicateurs en plein vent. — Éd.

plus doux que celui qu'il avait pris jusqu'à ce moment, cessez de me donner le titre d'Honneur (1); je ne vais ni aux murs des parcs, ni aux fermes, ni aux marchés, pour me faire donner des coups de chapeau par les bergers, les femmes et les bourgeois, comme ils en donnent au major Melville de Cairnvreckan. Je ne me fais appeler ni Laird, ni Honneur. — Non, ma petite fortune, qui n'est pas au-dessus de vingt mille marcs d'argent, a augmenté par la bénédiction du ciel : mais l'orgueil de mon cœur n'a point augmenté avec elle, et je n'aime pas à être appelé capitaine, quoique j'aie une commission signée de ce noble seigneur cherchant l'évangile, le comte de Glencairn, qui me désigne par ce titre. Tant que je vivrai, tant que j'aurai un *plack* dans ma bourse, ou une goutte de sang dans mes veines, je serai et je veux être appelé Habacuc Gilfillan, toujours prêt à soutenir les règles et doctrines qui furent arrêtées par l'Église jadis glorieuse d'Écosse, avant qu'elle ne trafiquât avec l'impie Achaz.

— Ah! dit le colporteur, j'ai vu votre domaine fertile à Mauchlin : vous êtes tombé dans un lieu délicieux, et il n'y a pas un aussi beau bétail dans aucune terre de laird en Écosse.

— Vous avez raison, oui, vous avez raison, ami, répondit vivement Gilfillan, qui n'était pas insensible à la flatterie sur ce sujet; vous avez raison, c'est de la vraie race du comté de Lancastre : on n'en trouve pas de semblable dans les fermes de Kilmaurs (2).

(1) Il y a dans le texte cessez de m'*honorer, to honour me ;* dans le sens de *cessez de me monseigneuriser.* — Éd.

(2) Kilmaurs, petite ville du comté d'Ayr, qui est un comté agricole. — Éd.

Je crois que le lecteur se soucie aussi peu que notre héros de connaître les détails de la longue conversation qui suivit sur les qualités de ce fameux bétail. Gilfillan reprit bientôt ses discussions théologiques, et le colporteur, moins profond sur cette matière mystique, se contentait de soupirer et d'exprimer son édification aux intervalles convenables.

— Quel bonheur ce serait, dit-il, pour tous les peuples aveugles et papistes que j'ai visités, si le ciel leur envoyait une telle lumière pour leur montrer le sentier de la vérité !... J'ai voyagé, pour mon petit commerce, en Russie, en France, dans les Pays-Bas, en Pologne et dans une partie de l'Allemagne : ah ! combien Votre Honneur souffrirait, s'il voyait que de murmures, que de chants, que de messes dans les églises ! — et la musique dans les chœurs ! — et les danses païennes ! — et les jeux de hasard le saint jour du sabbat !

Cette exclamation fournit à Gilfillan l'occasion de pérorer sur le *Livre des divertissemens* (1), sur le Covenant, sur les Engagistes (2), sur les Protestans et le Whiggamore's raid (3), l'Assemblée des théologiens à West-

---

(1) *The book of Sports*, qui traitent des divertissemens regardés comme profanes par les caméroniens. — Éᴅ.

(2) On appelait les engagistes ceux qui avaient souscrit ou approuvé l'*engagement* ou traité fait entre Charles Ier et les Ecossais pendant son séjour dans l'île de Wight. Le prince s'était engagé à tenir le Covenant, etc., etc., les Ecossais à le rétablir dans ses droits, etc., etc. — Éᴅ.

(3) *The whiggamore's raid* ou *inroad*; l'*incursion* des Whiggamores. C'est ainsi qu'on désigne cette insurrection, à laquelle nous avons fait remonter l'origine du nom des *Whigs*. — Éᴅ.

minster (1), les deux Catéchismes, l'Excommunication de Torwood et le massacre de l'archevêque Sharp (2). Ce dernier sujet l'amena à une discussion sur la légitimité des armes défensives, et il en parla en homme instruit, avec une érudition qu'on n'aurait pas attendue de lui, d'après certaines autres parties de son discours. Waverley lui-même, qui, jusqu'à ce moment, avait été plongé dans ses propres réflexions mélancoliques, finit par l'écouter avec attention.

M. Gilfillan examina ensuite s'il était légitime qu'un simple particulier s'attribuât le droit d'être le vengeur de l'oppression du peuple; et, comme il était occupé à discuter avec un vif intérêt la cause de Mas James Mitchell (3), un incident vint interrompre sa harangue.

Les derniers rayons du soleil brillaient encore aux extrêmes limites de l'horizon, lorsque le détachement entra dans un sentier profond et assez escarpé qui conduisait au sommet d'une hauteur : le pays était découvert,

(1) Il s'agit de l'assemblée tenue en 1645 pour régler les articles de foi de la religion en Angleterre et en Écosse, les cérémonies, et surtout le gouvernement de l'Église. De cette assemblée datèrent les progrès des indépendans, d'abord persécutés, etc. — Éd.

(2) Les catéchismes, les excommunications, et le grand événement de l'assassinat de Sharp, étaient un texte fréquent de disputes théologiques qui survécurent à la révolution de 1688. — Éd.

(3) Avant de périr sous les coups des fanatiques, le primat avait eu à se défendre de plus d'une tentative contre sa vie. Mas (maître) James Mitchel était un prédicateur de l'école des Macbriar et des Habacuc (*Old Mortality*); il tira sur Sharp un coup de pistolet en plein jour, et la foule se prêta à son évasion. Il ne fut découvert que quelque temps après. Son jugement et son exécution mirent en évidence toute la perfidie et la haine de ses juges, dont la conduite eût légitimé son action, si l'assassinat était jamais légitime. — Éd.

faisant partie d'une bruyère communale (1) très-étendue ; mais il était aussi très-inégal, présentant çà et là des excavations remplies de genêts épineux, et d'autres espaces où croissaient des touffes de broussailles. Un petit taillis de ce genre couvrait l'éminence que gravissait le détachement. Les plus avancés de la troupe, qui étaient les plus robustes et les plus actifs, avaient déjà dépassé le sommet, et ils étaient hors de la portée de la vue pour le moment. A quelque distance, suivaient Gilfillan avec le colporteur, et ceux qui étaient plus immédiatement chargés de garder Waverley : les autres ne venaient après eux qu'à un intervalle considérable, et sans observer aucun ordre de marche.

Telle était la situation des choses, lorsque le colporteur, ayant perdu, dit-il, son petit chien, s'arrêta et se mit à le siffler. Ce signal, répété plus d'une fois, offensa son compagnon, d'autant plus qu'il indiquait peu d'attention, de la part du colporteur, pour les trésors de controverse théologique qu'il prodiguait pour son édification ; il signifia donc brusquement qu'il n'avait pas de temps à perdre pour attendre un animal inutile.

— Si Votre Honneur daignait se rappeler l'histoire de Tobie.....

— Tobie ! s'écria vivement Gilfillan ; Tobie et son chien sont tous deux et païens et apocryphes (2). Il n'y

(1) On a déjà pu remarquer plus d'une fois ces mots : bruyère communale ; on en trouve encore un grand nombre en Écosse, et même en Angleterre. Ces plaines appelées un *common* sont une propriété commune où chaque paroissien a le droit de conduire sa vache, son poney, etc. — Éd.

(2) Pour les presbytériens, les apocryphes étaient des romans païens. — Éd.

a qu'un partisan des prélats ou du papisme qui puisse en douter.... Je crois que je me suis mépris sur vous, l'ami !

— Très-probablement, reprit le colporteur avec un grand sang-froid ; cependant je me permettrai d'appeler encore une fois mon pauvre Bawty.

On répondit à ce dernier signal d'une manière inattendue, car six ou huit Highlanders, blottis derrière les broussailles, s'élancèrent dans le sentier, leurs claymores à la main. Gilfillan ne fut point déconcerté à cette apparition.

— L'épée du Seigneur et de Gédéon ! s'écria-t-il d'une voix forte en tirant son épée du fourreau. — Il aurait fait autant d'honneur à la bonne cause qu'aucun des anciens champions de Drumclog (1), lorsque tout à coup...... le colporteur, prenant le mousquet de l'homme le plus près de lui, déchargea si à propos un coup de crosse sur la tête du professeur caméronien, qu'il l'étendit par terre. Dans le désordre qui suivit, un des soldats de Gilfillan tua, en tirant au hasard, le cheval de notre héros, qui lui-même reçut plus d'une contusion en tombant sous le corps de l'animal. Il en fut tiré aussitôt par deux montagnards, qui le prirent chacun par un bras et l'enlevèrent à la hâte du champ de bataille, le portant ou le traînant tour à tour. Waverley entendit encore tirer des coups de fusil derrière lui. Il apprit par la suite que c'étaient les hommes de l'avant-garde et ceux de l'arrière-garde du détachement qui avaient joint les autres. A leur approche les Highlanders prirent la fuite, mais après avoir dévalisé le chef

(1) Drumclog, où eut lieu la défaite des dragons de Claverhouse. — Éd.

caméronien et deux de ses gens étendus à côté de lui, dangereusement blessés. Il y eut encore quelques coups de fusil échangés ; mais les Caméroniens se voyant sans chef et craignant de tomber dans une seconde embuscade, se soucièrent fort peu de courir après leur prisonnier ; ils crurent qu'ils agiraient plus prudemment de continuer leur voyage jusqu'à Stirling en emportant avec eux leur capitaine et leurs camarades blessés.

CHAPITRE XXXVII.

Waverley encore dans l'embarras.

La rapidité, ou plutôt la violence avec laquelle on entraînait Waverley, lui ôtait presque la respiration ; il était tellement meurtri de sa chute, qu'il ne pouvait se prêter facilement à cette prompte fuite. Ses guides s'en aperçurent, et appelèrent quelques-uns de leurs camarades. Waverley fut *emmaillotté* dans un plaid, et, en se partageant ainsi le fardeau, les Highlanders purent continuer leur course rapide sans que celui qu'ils portaient eût besoin de faire aucun mouvement. Ils parlaient peu, toujours en gaëlique, et ils ne ralentirent le pas qu'après avoir fait environ deux milles, ayant soin de se relayer de temps en temps.

Notre héros voulut lier conversation avec eux ; mais

on ne lui répondait que : *Cha n'eil Beurl'agam* (c'est-à-dire : Nous ne savons pas l'anglais). Il n'ignorait pas que c'est la réponse ordinaire des montagnards, lorsqu'on leur fait une question qu'ils ne comprennent pas, ou qu'ils ne veulent pas avoir l'air de comprendre. Il essaya de prononcer le nom de Vich Ian Vohr, persuadé que c'était à son amitié vigilante qu'il était redevable d'être hors des mains de Gilfillan ; mais son escorte ne parut pas l'avoir entendu.

La lune avait remplacé le crépuscule lorsqu'ils firent halte à l'entrée d'une gorge des montagnes où l'on descendait par une pente rapide et qui semblait remplie d'arbres et de broussailles. Deux des montagnards se détachèrent et y pénétrèrent par un petit sentier comme pour aller à la découverte : l'un d'eux revint bientôt et dit quelques mots à ses camarades, qui reprirent leur fardeau et continuèrent à le porter avec les plus grandes précautions. Malgré leurs soins attentifs, Waverley se trouvait quelquefois en brusque contact avec les troncs d'arbres et des branches qui couvraient le sentier

Lorsqu'ils furent arrivés au bas de la descente, Waverley entendit le bruit d'un torrent sans le voir, à cause de l'obscurité; son escorte s'arrêta de nouveau devant une misérable chaumière; la porte s'ouvrit. L'intérieur de cette masure répondait à son apparence extérieure et à sa situation ; il n'y avait aucune espèce de plancher; les murs n'étaient faits qu'avec des cailloux et de la tourbe; le toit, percé de crevasses, était en branches d'arbres. Le feu brûlait au centre et remplissait tout ce wigwam d'une fumée qui s'échappait autant par la porte que par une issue circulaire pratiquée dans le toit. Une vieille sibylle highlandaise, seul habitant de cette demeure solitaire, semblait s'occuper de préparer le repas. A la clarté de la flamme, Waverley reconnut que ses conducteurs n'étaient pas du clan d'Ivor, parce que Fergus veillait avec le plus grand soin à ce que tous les membres de sa tribu portassent le tartan avec les carreaux et la couleur qui la distinguait des autres; coutume ancienne dans les montagnes, et à laquelle tenaient encore les chefs, fiers de leur origine, et jaloux de leur rang et de leur autorité respective.

Édouard, pendant son séjour à Glennaquoich, avait eu le temps de remarquer cette différence de costume et d'en entendre parler souvent. Voyant qu'il était étranger à ceux qui l'avaient enlevé, il promena douloureusement ses regards sur l'intérieur de cette cabane. Excepté une cuve à laver, et une armoire en mauvais état, appelée en Écosse un *ambry* (1), il y avait pour tout meuble un large lit de bois entouré de planches selon l'usage, et ne s'ouvrant que par un panneau à coulisses (2) : ce fut là qu'on le déposa après qu'il eut exprimé par signes qu'il ne voulait prendre aucune espèce de rafraîchissemens. Son sommeil fut troublé; des visions étranges le visitèrent, et il eut besoin d'un continuel effort d'esprit pour les dissiper. A ces symptômes succédèrent un violent mal de tête, et des douleurs aiguës dans les membres; — il fut évident le lendemain, pour les libérateurs ou les nouveaux gardes de Waverley, qu'il était hors d'état d'aller plus avant.

(1) *Ambry* ou *almory*, mots dérivés de notre mot armoire, quoique almory puisse signifier aussi boîte à aumônes (*alms*). L'ambry est l'armoire ou buffet dans lequel l'Écossais renferme ses ustensiles de ménage et les provisions pour sa famille. — Éd.

(2) Tel est encore le mobilier des cabanes d'Écosse. — Éd.

Après une longue consultation, six d'entre eux sortirent de la cabane, emportant leurs armes, et ne laissant auprès du malade que deux de leurs camarades, dont l'un était un homme âgé et l'autre plus jeune. Le premier donna ses soins à Édouard et bassina ses contusions, que l'enflure et leur couleur livide rendaient très-visibles. Son porte-manteau, que les Highlanders n'avaient pas oublié d'apporter, lui fournit tout le linge dont il avait besoin ; et, à sa grande surprise, on mit à sa disposition tous les effets qu'il contenait. Les accessoires de son lit paraissaient propres ; le vieux Highlander en ferma la porte, parce qu'il n'avait pas de rideaux, après avoir dit quelques mots en gaëlique pour l'inviter à prendre du repos, comme Waverley crut le comprendre. Voilà donc notre héros pour la seconde fois entre les mains d'un Esculape des Highlands ; mais dans une position plus triste que lorsqu'il reçut l'hospitalité chez le digne Tomanrait!

La fièvre symptomatique qui résulta des contusions ne s'apaisa qu'au troisième jour ; grace aux soins de ses surveillans et à la force de sa constitution, il parvint alors à se mettre sur son séant, mais non sans douleur. Il remarqua que la vieille femme qui lui servait de garde montrait, ainsi que le vieux montagnard, une grande répugnance à laisser la porte du lit ouverte, comme s'ils avaient craint qu'il ne s'amusât à observer leurs mouvemens ; — chaque fois que Waverley ouvrait sa cage elle était refermée aussitôt. Enfin le vieux Highlander termina cette lutte en y fixant en dehors un clou qui déjoua tous les efforts du malade.

Waverley cherchait en lui-même à expliquer cette espèce de contradiction de la part de gens qui paraissaient n'avoir aucun projet de le dépouiller, et qui lui prouvaient du reste qu'ils se faisaient un devoir d'aller au-devant de ses désirs pour toute autre chose. Il crut se rappeler que durant la crise de sa maladie, il avait vu auprès de son lit une femme plus jeune que sa vieille garde-malade. Il est vrai qu'il ne conservait de cette apparition qu'un souvenir confus; mais il se confirma dans cette idée lorsqu'en prêtant une oreille attentive il entendit plusieurs fois dans la journée la voix d'une jeune fille chuchotant avec sa surveillante.

— Qui peut-elle être? se demandait-il : pourquoi cherche-t-elle à se cacher? — Son imagination active lui offrit aussitôt Flora Mac-Ivor. Après avoir cherché pendant quelques minutes à se persuader que c'était elle qui venait, comme un ange de consolation, visiter son lit de douleur, il sentit que cette supposition était tout-à-fait chimérique. Comment pouvait-il admettre qu'elle eût renoncé à la sécurité du séjour de Glennaquoich, pour venir seule, au milieu du théâtre de la guerre, se réfugier dans ce misérable asile? Cependant il sentait palpiter son cœur lorsqu'il croyait entendre les pas d'une jeune femme s'avançant sur la pointe des pieds, ou les sons étouffés de ses doux accens lorsqu'elle s'entretenait avec la vieille Jeannette à la voix rauque et sourde : Édouard avait entendu donner ce nom à sa vieille garde-malade.

N'ayant aucune autre distraction dans sa solitude, il s'occupa des moyens de satisfaire sa curiosité, malgré toutes les précautions de Jeannette et du janissaire montagnard; car il n'avait pas revu depuis le premier jour le jeune homme qu'on avait laissé près de lui. Après avoir bien examiné la construction de sa prison de bois, il crut avoir trouvé le moyen de contenter son désir, à l'aide d'un clou qu'il arracha d'une planche en plus mauvais état que les autres. A travers cette petite ouverture il aperçut une femme enveloppée dans son plaid, et causant avec Jeannette. Depuis notre première mère, la curiosité désordonnée a toujours trouvé sa juste punition dans son désappointement. Ce n'était pas la taille de Flora, et sa position ne permettait pas de voir son visage. Pour mettre le comble au chagrin de notre curieux, pendant qu'il travaillait avec le clou à élargir l'ouverture, un léger bruit trahit son entreprise; et la personne qu'il désirait connaître disparut pour ne plus revenir, ou du moins ne fut-elle plus visible pour lui.

De ce moment toutes les précautions qu'on avait prises pour l'empêcher de voir dans la chaumière furent abandonnées; non-seulement on lui permit de se lever, mais on l'aida à sortir de ce qu'on peut appeler son lit de prison, mais la sortie de la chaumière lui fut interdite; car le jeune montagnard, qui était de retour, et l'autre plus âgé, se relevaient alternativement pour le surveiller. Lorsque Waverley faisait mine de s'approcher de la porte, celui des deux qui était en faction le repoussait honnêtement, mais avec fermeté, tâchant de lui faire comprendre par signes qu'il y aurait du danger à sortir, et qu'un ennemi était dans le voisinage. La vieille Jeannette paraissait inquiète et aux aguets; Waverley, qui n'avait pas encore recouvré assez de forces pour s'évader malgré ses gardiens, fut obligé de prendre patience. Il était beaucoup mieux nourri qu'il n'aurait pu s'y attendre; la volaille et le vin n'étaient pas exclus de ses repas. Les Highlanders n'osaient jamais se mettre à table avec lui ; et sauf leurs efforts pour l'empêcher de sortir, ils lui témoignaient le plus grand respect. Il n'avait d'autre amusement que de regarder par la fenêtre, ou plutôt par une ouverture de forme irrégulière qu'on avait pratiquée pour en tenir lieu. Il découvrait à dix pas sous l'emplacement de la hutte un ruisseau très-large et très-rapide, qui, couronné d'arbres et de buissons, blanchissait de son écume les rochers entre lesquels il se frayait un passage.

Le sixième jour de sa réclusion, Waverley se trouva si bien rétabli, qu'il s'occupa sérieusement des moyens de s'évader, persuadé que, quels que fussent les dangers auxquels il allait s'exposer, ils ne pouvaient être comparés à l'insupportable monotonie de la vie qu'il menait dans la hutte de Jeannette ; il délibérait en lui-même sur le parti qu'il prendrait lorsqu'il serait en liberté. Il s'en présentait deux à son esprit, et tous deux offraient des périls et des difficultés : le premier était de retourner à Glennaquoich : il ne pouvait douter que Fergus Mac-Ivor ne le reçût cordialement, et la manière dont il venait d'être traité par les agens du gouvernement l'avait, selon lui, délié de tout serment de fidélité ; le second était de tâcher de gagner quelque port de mer, et de s'embarquer pour l'Angleterre. Son esprit flottait irrésolu entre ces deux partis ; et, s'il se fût évadé comme il en avait l'intention, il est probable qu'il aurait été déterminé par le plus facile ; mais son étoile avait décidé qu'il n'aurait pas la faculté de choisir.

Vers le soir du septième jour, la porte de la cabane s'ouvrit brusquement ; Waverley vit entrer deux montagnards qu'il reconnut pour avoir fait partie de l'escorte qui l'avait amené. Après une courte conversation avec leurs deux camarades, ils firent comprendre par signes à Waverley qu'il devait se préparer à les suivre. Ils ne pouvaient lui donner une nouvelle plus agréable, la manière dont il avait été traité dans sa retraite ne lui permettant pas de croire qu'on eût le projet de le maltraiter. Son imagination romanesque, dont les inquiétudes, les chagrins et les souffrances avait momentanément arrêté l'aventureux essor, s'était lassée d'être oisive. Sa passion pour l'extraordinaire, quoiqu'il soit dans la nature de cette disposition de l'ame d'être stimulée par ce degré de danger qui donne seulement plus de dignité aux sentimens de l'homme, — sa passion pour l'extraordinaire, dis-je, avait été étouffée sous les maux insurmontables en apparence qui l'avaient naguère accablé de toutes parts à Cairnvreckan. Dans le fait ce mélange de curiosité vive et d'imagination exaltée, compose une espèce de courage que l'on pourrait comparer à ces lumières dont se servent les ouvriers au fond des mines : elles ont assez d'éclat pour les guider et pour soutenir leur constance dans les accidens ordinaires de leurs travaux ; mais elles s'éteignent par le contact plus redoutable des gaz et des vapeurs délétères (1). Maintenant le courage de notre héros s'était rallumé, il se livrait de nouveau à toutes les illusions de l'espérance, en regardant les montagnards, qui ve-

---

(1) Ces comparaisons sont plus naturelles chez les Anglais que parmi nous : l'usage habituel du charbon de terre donne à leurs mines une espèce d'importance que n'ont pas encore les nôtres.

Une espèce de mofete, nommée *tousse* ou *pousse* par les mineurs, et qui est produite par le gaz acide carbonique, éteint les lumières, asphixie et tue. Il se développe aussi dans les houillères un gaz hydrogène carboné très-délétère, avec un mélange d'azote

naient d'arriver, prendre à la hâte un peu de nourriture, et faire les courts préparatifs du départ.

Comme il était assis dans la hutte enfumée, à quelque distance du feu autour duquel les autres s'étaient groupés, Waverley se sentit presser doucement l'épaule; il se retourne, c'était Alice, la fille de Donald Bean Lean. Elle lui montra un paquet de papiers, de manière à n'être aperçue que de lui; elle mit un doigt sur ses lèvres, et s'avança sans mot dire pour aider la vieille Jeannette à faire le porte-manteau. Il était évident qu'Alice désirait qu'il fît semblant de ne pas la connaître, cependant elle se retourna lorsqu'elle crut pouvoir le faire sans être aperçue; et, voyant qu'il examinait ce qu'elle faisait, elle plia adroitement le paquet dans une chemise qu'elle eut soin de placer au fond du porte-manteau.

Quelle ample matière de nouvelles conjectures! Alice était-elle sa gardienne mystérieuse? La fille de la caverne était-elle le génie tutélaire qui était venu veiller auprès de son lit de souffrance? Était-il entre les mains de son père? et alors quels projets Donald avait-il sur lui?... Le pillage, qui était le but constant de Donald, avait été négligé cette fois! Non-seulement on lui avait rendu sa valise, mais encore sa bourse, qui aurait pu tenter ce pillard de profession, était toujours restée avec lui. Peut-être que ce paquet pourrait expliquer ce mystère;..... mais Alice avait fait comprendre qu'il ne devait être consulté que secrètement..... Elle ne l'avait plus regardé depuis qu'elle avait eu la certitude que sa petite

et d'acide carbonique. C'est le *grisou* que l'approche d'un corps enflammé fait détonner, et qui produit des explosions épouvantables. — Éd.

manœuvre avait été comprise. Au contraire elle sortit bientôt de la cabane, et ce ne fut que du seuil de la porte, qu'elle profita de l'obscurité pour sourire à Waverley d'un air expressif, avant de disparaître dans le sombre glen de la montagne.

Les Highlanders envoyèrent à plusieurs reprises leur jeune camarade à la découverte. Lorsqu'il fut de retour pour la quatrième fois, ils se levèrent et firent signe à Waverley de les suivre. Avant de sortir, il serra la main de la vieille Jeannette, qui l'avait si généreusement soigné, et en même temps il lui laissa des preuves plus solides de sa reconnaissance.

— Que Dieu vous bénisse et vous protège, capitaine Waverley, lui dit Jeannette en bon écossais des Lowlands.

Cette exclamation le surprit d'autant plus que la vieille femme s'était constamment servie de la langue gaélique. L'impatience de son escorte ne lui donna pas le temps de faire la moindre question.

CHAPITRE XXXVIII.

Une aventure nocturne.

La troupe fit halte à quelques pas de la chaumière ; le chef, en qui Waverley crut reconnaître le grand Highlander, lieutenant de Donald Bean Lean, commanda par des signes et des demi-mots le plus profond silence. Il remit à Waverley un pistolet et une épée ; puis, lui montra du doigt le sentier, posa la main sur sa propre claymore, pour lui faire comprendre qu'ils auraient besoin de la force pour s'ouvrir un passage, et se mit à la tête du détachement, qui ne gravissait le sentier que sur une seule file comme une troupe d'Indiens. Waverley suivait immédiatement le chef, qui ne s'avançait qu'avec les plus grandes précautions, de peur de faire du bruit et de donner l'alarme. Il s'arrêta au sommet de la montagne : Waverley comprit bientôt pourquoi, en entendant à quelque distance une sentinelle anglaise, crier : *all's well* (1); la voix descendit avec le souffle du vent de la nuit jusqu'au fond du glen, et fut répétée par les échos. Le même cri fut prononcé une deuxième, une troisième et une quatrième fois, toujours plus faible, comme partant d'un poste de plus en plus éloigné. Il était évident qu'un détachement de soldats était proche et sur ses gardes, mais pas assez cependant pour découvrir une bande habile dans toutes les ruses d'une guerre de pillage, comme l'étaient les hommes qui observaient toutes ces précautions inutiles de l'ennemi.

Lorsqu'à ces cris succéda le silence de la nuit, les Highlanders commencèrent leur marche rapide, mais dans le plus grand silence. Waverley n'eut ni le temps ni l'envie de faire des remarques; cependant il s'aperçut qu'il passait près d'un vaste édifice; il vit une faible lumière à deux ou trois croisées. Un peu plus loin le guide se mit à *flairer le vent* comme l'aurait fait un épagneul, et donna de nouveau le signal de faire halte; il se mit à quatre pattes, couvert de son plaid, de manière à être difficilement distingué de la bruyère sur laquelle il se traînait pour faire sa reconnaissance. Il revint bientôt, et fit partir sa troupe, à l'exception d'un seul homme. Puis, faisant entendre à Waverley qu'il devait imiter sa prudente manière de continuer sa route, tous les trois rampèrent sur leurs mains et leurs genoux.

Après avoir marché pendant quelque temps d'une

(1) *All's well*, *tout-va-bien*; c'est le cri que se renvoient les sentinelles anglaises, et qui répond au *sentinelle prenez garde à vous!* des nôtres. — Éd.

manière aussi pénible, Waverley sentit l'odeur de la fumée, qui sans doute avait frappé beaucoup plus tôt l'odorat plus fin et plus exercé de son conducteur. Elle provenait d'une bergerie en ruine dont les murs étaient de pierres sans ciment, comme c'est l'usage en Écosse. Le Highlander guida Waverley jusqu'au pied de la muraille; et sans doute pour lui faire connaître tout le danger auquel ils se trouvaient exposés, ou peut-être pour lui donner une preuve de son habileté, il l'invita par signes et par son exemple à tâcher de regarder par-dessus le mur, qui n'était pas très-élevé. Édouard obéit, et vit un avant-poste de quatre ou cinq soldats couchés près du feu de garde. Ils dormaient tous, excepté le factionnaire, se promenant de long en large, et portant sur l'épaule son mousquet, qui reflétait les rayons du feu. Il levait fréquemment les yeux vers la partie du ciel où la lune paraissait sur le point de sortir des vapeurs qui avaient jusqu'alors voilé son disque.

Au bout d'une minute ou deux, par une de ces variations soudaines de l'atmosphère, fréquentes dans tous les pays de montagnes, une brise se leva et vint chasser les nuages qui avaient obscurci l'horizon. L'astre de la nuit éclaira de tout son éclat une vaste étendue de bruyères stériles. Du côté d'où Waverley était venu, croissaient, il est vrai, des arbres et des taillis formant çà et là un sombre rideau; mais du côté où il se dirigeait, rien ne pouvait le dérober à la vue de la sentinelle lui et ses compagnons, si ce n'était le mur du parc, quand ils restaient étendus par terre.

Le montagnard tenait ses yeux fixés sur la voûte céleste; mais dans des sentimens bien opposés à ceux qu'Homère, ou, pour mieux dire, que Pope prête au paysan surpris par la nuit (1); aussi murmura-t-il un juron gaëlique contre l'astre qu'il appelait *la lanterne de Macfarlane* (2). Il regarda tristement autour de lui pendant quelques minutes, et parut arrêter sa résolution. Il laissa son compagnon auprès de Waverley, et fit signe à Édouard de se tenir tranquille. Après avoir donné quelques ordres à voix basse au montagnard, il battit en retraite, favorisé par l'irrégularité du terrain, dans la même direction et avec les mêmes précautions qu'il avait prises précédemment. Édouard, en tournant la tête, put le voir se traîner à quatre pattes avec la dextérité d'un Indien, profitant de tous les buissons et de tous les détours du sentier pour n'être pas aperçu, et ne passant jamais outre dans les endroits les plus exposés à la vue, avant de s'être assuré que la sentinelle avait le dos tourné. Enfin il atteignit les taillis et les bois qui couvraient une partie de la bruyère dans cette direction, et s'étendaient probablement jusqu'à l'entrée du glen où Waverley avait habité si long-temps. Le Highlander disparut, mais seulement pendant quelques minutes. Il se montra en effet tout à coup du côté opposé, s'avançant fièrement sur la bruyère, sans chercher à cacher sa marche. Lorsqu'il fut à portée, il tira sur la sentinelle et la blessa au bras; le pauvre diable fut interrompu d'une manière peu agréable dans ses contemplations météorologiques, et dans l'air de *Nancy Dawson* qu'il s'amusait à siffler. Il riposta, mais non avec le même succès. Ses camarades, réveillés en sursaut, s'avancèrent du côté

(1) C'est une des comparaisons d'Homère que Pope a *modernisées* avec le plus de liberté. On dit avec raison l'*Iliade de Pope*; ce n'est pas toujours celle d'Homère. — Éd.

(2) M' Farlane's buat. — Éd.

d'où le coup était parti : on distinguait encore le Highlander, mais il disparut bientôt au milieu des buissons; car *sa ruse de guerre* avait complètement réussi.

Pendant que les soldats étaient à sa poursuite dans une direction, Waverley, guidé par le montagnard resté avec lui, prit la direction opposée, qui n'était plus l'objet de l'attention des sentinelles. Après un quart de mille, le revers de la hauteur les déroba entièrement à la vue. Cependant ils entendaient encore les cris d'alerte et le roulement d'un tambour qui battait aux armes; mais ces bruits hostiles étaient loin derrière eux, et s'affaiblirent de plus en plus, à mesure qu'ils continuèrent leur fuite.

Après une demi-heure de marche à travers un pays toujours découvert et stérile, ils arrivèrent au tronc d'un antique chêne qui, d'après ses restes, paraissait avoir été d'une grosseur extraordinaire. Dans une ravine voisine, ils trouvèrent quelques montagnards avec trois chevaux. La première chose que fit le surveillant d'Édouard fut de rendre compte de leur retard, car il répéta plusieurs fois le nom de Duncan Duroch, qui survint presque au même instant, hors d'haleine, et paraissant n'avoir échappé à la mort que par miracle, mais riant et enchanté du succès de son stratagème. Waverley comprit aisément qu'un montagnard agile, connaissant parfaitement le pays, devait avoir devancé ceux qui n'avaient pas les mêmes avantages. L'alarme que Duncan avait donnée paraissait se prolonger, car on entendait dans le lointain quelques coups de fusil, ce qui redoubla la gaieté de Duncan et de ses camarades.

Il reprit alors les armes qu'il avait prêtées à notre

héros, en lui donnant à entendre que tous les dangers du voyage étaient surmontés.

Waverley ne se fit pas prier pour monter sur un des chevaux; la fatigue et les suites de sa maladie lui rendaient très-agréable cette nouvelle manière de continuer le voyage. Son porte-manteau fut placé sur un second poney; Duncan monta sur le troisième, et ils se mirent aussitôt en route, suivis de leur escorte. Sans avoir éprouvé d'autre accident, ils arrivèrent, à la pointe du jour, au bord d'une rivière très-rapide. La contrée d'alentour était à la fois fertile et pittoresque. Des arbres touffus ombrageaient les bords de l'eau; ou c'étaient des champs de blé, qui, cette année, promettaient une abondante moisson, déjà en grande partie recueillie.

Sur le bord opposé de la rivière, et entouré en partie par un cours sinueux de ses eaux, s'élevait un château vaste dont les tourelles en ruines réfléchissaient les premiers rayons du soleil. L'édifice formait un carré long, assez étendu pour renfermer une cour centrale. Les tours de chaque angle étaient plus hautes que les murailles qui elles-mêmes étaient surmontées de tourelles irrégulières de forme et de hauteur. Sur l'une des tourelles on apercevait une sentinelle que sa toque bleue et son plaid flottant faisaient reconnaître pour un Highlander, comme sur une autre se déployait un énorme drapeau blanc, annonçant de loin que la garnison de cette place était du parti de la maison de Stuart.

Après avoir traversé rapidement une petite ville, où leur apparition n'excita ni surprise ni curiosité parmi les habitans qui se disposaient à se rendre à leurs travaux champêtres, les Highlanders passèrent sur un pont très-ancien et très-étroit, de plusieurs arches. En faisant un détour à gauche, ils entrèrent dans une avenue, bordée d'antiques sycomores, dont l'aspect sombre, mais pittoresque, avait été admiré de loin par Waverley.

Une énorme porte en fer, défense extérieure de la place, avait déjà été abaissée pour les recevoir; une seconde porte en chêne, garnie de clous serrés, s'ouvrit, et la troupe entra dans la cour. Un gentilhomme, portant l'habit de montagnard avec une cocarde blanche à sa toque, vint aider Waverley à descendre de cheval, et lui dire avec courtoisie qu'il était le bienvenu.

Le gouverneur, car c'est le titre qu'il prenait, ayant conduit Édouard dans un appartement délabré, où il y avait cependant un petit lit de camp, lui offrit tous les rafraîchissemens qu'il pouvait désirer, et il se disposait à le laisser seul.

— Voudrez-vous bien, lui dit Waverley après les excuses d'usage, — ajouter à toutes vos politesses la complaisance de m'apprendre où je suis, et si je dois me regarder comme prisonnier?

— Il ne dépend pas de moi de répondre à vos questions d'une manière aussi explicite que je le désirerais, lui répondit le gouverneur: il me suffira de vous dire que vous êtes dans le château de Doune, dans le canton de Menteith (1), et que vous n'avez pas la moindre chose à craindre.

(1) L'ouvrage intitulé: *Vues pittoresques d'Écosse* contient une vue et une notice du château de Doune. Ce fut dans ce château que l'historien Home, auteur de la tragédie de Douglas, fut gardé prisonnier après la bataille de Falkirk. L'anecdote de son évasion est rapportée dans les *Vues pittoresques*, véritable atlas descriptif des romans de sir Walter Scott. Cet ouvrage forme un volume in-folio, orné de 72 planches. Paris, 1826. — Éd.

— Pourrais-je savoir quelle assurance j'aurai de ce que vous me dites?

— L'honneur de Donald Stuart, gouverneur de cette citadelle, et lieutenant-colonel au service de Son Altesse Royale le prince Charles-Édouard.

A ces mots, il se hâta de sortir, comme pour éviter de prolonger la discussion.

Notre héros, épuisé de fatigue, se jeta sur le lit, et ne tarda pas à s'endormir.

CHAPITRE XXXIX.

Continuation du voyage.

Lorsque Waverley s'éveilla, le jour était déjà très-avancé, et il commença à sentir qu'il n'avait pas pris d'alimens depuis plusieurs heures. On ne tarda pas à lui servir un copieux déjeuner ; mais le colonel Stuart, pour se soustraire à la curiosité de son hôte, ne parut pas : il se contenta de faire présenter ses complimens par un domestique chargé d'offrir au capitaine Waverley tout ce dont il pourrait avoir besoin pour son voyage, qu'il devait continuer dès le soir même. Waverley eut beau interroger ce domestique, celui-ci opposa à sa curiosité l'impénétrable barrière d'une ignorance et d'une stupidité réelles ou affectées. Il desservit la table, et laissa de nouveau Waverley à ses méditations.

En réfléchissant sur ces caprices de la fortune, qui paraissait prendre plaisir à le mettre toujours à la disposition des autres, sans lui permettre de diriger lui-même ses actions, Édouard arrêta tout à coup les yeux sur son porte-manteau, qu'on avait déposé dans sa chambre pendant qu'il dormait. Il se rappela alors l'apparition mystérieuse d'Alice dans la chaumière du glen, et il se préparait à faire l'examen des papiers qu'elle avait placés parmi ses hardes; mais le domestique du colonel Stuart rentra, et s'empara du porte-manteau qu'il chargea sur ses épaules.

—Mon ami, lui dit Waverley, me permettrez-vous de changer de linge?

—Votre Honneur recevra une des chemises à jabot du colonel; mais le porte-manteau doit être mis dans le chariot des bagages.

Et, sans faire d'autre réponse, il sortit froidement avec le porte-manteau, laissant Édouard partagé entre le dépit et l'indignation. Il entendit au bout de quelques minutes le bruit d'un chariot qui sortait de la cour, et il comprit qu'il était privé pour le moment, sinon pour toujours, des seuls renseignemens qui auraient pu jeter quelque clarté sur les événemens extraordinaires qui avaient récemment exercé tant d'influence sur son sort. Il resta seul dans cet état de mélancolie pendant quatre à cinq heures.

Au bout de cet espace de temps, un bruit de chevaux se fit entendre dans la cour, et le colonel vint demander à son hôte s'il désirait prendre encore quelques rafraichissemens avant de partir. Édouard accepta cette offre, se sentant en état de faire honneur au dîner : on ne tarda pas à servir. La conversation de ce gouverneur était celle d'un véritable gentilhomme de province, mêlée de quelques termes de guerre ; il évitait avec le plus grand soin de placer le moindre mot sur les opérations militaires et la situation politique de l'Écosse ; et lorsque Waverley lui faisait quelque question directe sur ces articles, il répondait directement aussi qu'il ne lui était pas permis de parler sur de telles matières.

Après le dîner, le gouverneur dit à son hôte que, son domestique l'ayant informé qu'on avait fait partir ses bagages d'avance, il avait pris la liberté de lui remettre un petit paquet de linge pour servir à ses besoins, jusqu'à ce qu'il eût recouvré son porte-manteau ; après ce compliment, il sortit. Un instant après, un domestique vint annoncer à Waverley que son cheval était prêt.

Édouard descendit dans la cour, monta sur son cheval, que tenait un soldat, et franchit les portes du château de Doune, escorté par une vingtaine de cavaliers, qui ressemblaient moins à une troupe régulière qu'à des citoyens armés à la hâte pour un motif pressant et imprévu. Leur uniforme, qui n'était qu'une imitation affectée de celui des chasseurs de France, était bien loin d'être complet, et donnait un air gauche à ceux qui le portaient. Édouard, dont les yeux étaient accoutumés à voir l'ensemble d'un régiment bien discipliné, s'aperçut aisément que son escorte n'était point composée de troupes régulières, et que, malgré leur adresse à manier leurs chevaux, c'étaient des chasseurs ou des domestiques plutôt que de véritables soldats. Les chevaux n'étaient point accoutumés à cette régularité de mouvemens, si nécessaire pour faire les évolutions simultanément et avec précision ; ils ne paraissaient pas davantage dressés (*bitted* (1), pour me servir du mot technique) au maniement de l'épée. Ces hommes avaient cependant l'air robuste et martial; et, pris individuellement, ils auraient pu être redoutables dans le service de la cavalerie irrégulière. Le commandant de ce détachement montait un superbe cheval de chasse; et, malgré son costume militaire, Waverley reconnut d'abord son ancienne connaissance, M. Falconer de Balmawhapple.

Quoique la première rencontre de notre héros avec ce gentilhomme n'eût pas été des plus amicales, il aurait volontiers oublié leur folle querelle pour avoir enfin le plaisir de lier conversation, plaisir dont il était privé depuis long-temps; mais sans doute le souvenir de sa défaite par le baron de Bradwardine, dont Édouard avait été la cause involontaire, aigrissait encore l'esprit du laird orgueilleux et grossier. Il eut soin de ne pas faire le moindre signe qui pût prouver qu'il reconnaissait son prisonnier : il marchait d'un air de mauvaise humeur à la tête de sa troupe, qu'il appelait emphatiquement l'escadron du capitaine Falconer, quoiqu'elle fût à peine assez nombreuse pour former l'escouade d'un brigadier. Il était précédé d'un trompette et d'un étendard porté par le cornette Falconer, frère cadet du laird. Le lieutenant, homme âgé, avait l'air d'un chasseur et d'un bon vivant, mais d'un rang peu élevé dans la société : une expression de froide gaieté dominait dans sa physionomie, dont les traits vulgaires dénonçaient une habitude d'intempérance; il portait sur l'oreille, d'un air fendant, son chapeau retroussé; et sifflant l'air de *Bob de Dumblain*,

---

(1) *To bit*, emboucher le cheval, le dresser. — Tr.

sous l'influence d'une demi-pinte d'eau-de-vie, il semblait trotter gaiement, avec une heureuse indifférence pour l'état du pays, la conduite de sa troupe, la fin du voyage, ou tout autre intérêt de ce bas monde.

Waverley remarquant ce personnage qui se balançait négligemment sur sa monture, espéra en tirer quelques informations, ou du moins charmer un peu l'ennui de la route en causant avec lui.

— Voilà une belle soirée, monsieur, lui dit-il.

— Oh! oui, superbe, monsieur, reprit le lieutenant dans le langage le plus vulgaire de l'Écosse.

— Oui, on rentrera parfaitement les orges, continua Waverley pour ne pas laisser tomber l'entretien.

— Mais les fermiers, que le diable les emporte! et les marchands de grains auront soin de ne pas diminuer l'ancien prix, aux dépens de ceux qui ont des chevaux à nourrir.

— Vous êtes peut-être quartier-maître, monsieur?

— Oui, quartier-maître, lieutenant, maître de manège; et à coup sûr, qui pourrait dresser et entretenir les pauvres bêtes mieux que moi, qui les ai vendues toutes.

— Oserai-je prendre la liberté de vous demander où nous allons?

— Faire le message d'un fou.

— En ce cas, j'aurais cru qu'un personnage de votre apparence ne se serait pas trouvé sur la route.

— Vrai, vrai, très-vrai, monsieur; mais il n'est pas de *pourquoi* sans son *parce que*; — il faut savoir que le laird m'a acheté tous les chevaux pour monter sa troupe, en convenant de les payer selon le prix et les circonstances du temps; mais il n'avait pas un sou comptant, et j'ai reçu avis que son billet ne vaudrait pas une épingle sur le trésor de l'État; cependant il me fallait payer mes marchands à la Saint-Martin. Ainsi donc, le laird m'ayant offert généreusement ce grade, et comme le vieux *Fifteen* (1) n'avait jamais voulu me rembourser mon argent, pour avoir fourni des chevaux contre le gouvernement; en conscience, monsieur, j'ai pensé que je n'avais rien de mieux à faire que de partir moi-même pour être payé; et vous jugez, monsieur, qu'ayant touché des licous toute ma vie, je ne m'épouvante pas beaucoup de mettre mon cou en danger d'une cravate de *Saint-Johnstone* (2).

— L'état militaire n'est donc pas votre profession?

— Non, graces à Dieu! répondit ce brave partisan; je n'étais pas fait pour une si courte bride; j'étais élevé à un bon ratelier. Je suis marchand de chevaux; et si je vis pour vous voir cet hiver à Whitson-Tryst, à Stagshaw-Bank, ou à la foire d'Hawick, et que vous ayez besoin d'un coureur qui gagne le prix, je me ferai un devoir de vous servir à votre gré; car Jamie Jinker n'a jamais trompé personne. Vous êtes un homme comme il faut, monsieur, et vous devez vous connaître en chevaux; vous voyez cette bonne bête sur laquelle est Balmawhapple, c'est moi qui la lui ai vendue. Elle est née de *Lèche-l'échelle*, jument qui gagna le prix du roi à Ca-

---

(1) *Fifteen*, le vieux *quinze*. Allusion à la première tentative des jacobites en faveur du chevalier de Saint-Georges, qui eut lieu en 1715. Une abréviation du même genre est en usage parmi nous; on dit par abréviation 89 pour 1789, comme 93 pour 1793.
Éd.

(2) *Saint-Johnston's tippet;* le collier ou la cravate de saint Johnstone, pour dire la corde. L'étymologie de ce mot s'est perdue. — Éd.

verton-Edge; son père est *Pied-poudreux*, appartenant au duc Hamilton, etc., etc. (1).

Jinker s'étendait sur la généalogie de la jument de Balmawhapple; il en était déjà à son grand-père et à sa grand'mère, et Waverley attendait l'occasion de tirer de lui des informations plus intéressantes, lorsque le noble capitaine retint son cheval jusqu'à ce qu'il se trouvât sur la même ligne que le maquignon généalogiste; et sans avoir l'air de faire attention directement à Édouard :
— Je croyais, dit-il, avoir expressément défendu de parler au prisonnier. Le maquignon métamorphosé baissa la tête, et vint se placer à l'arrière-garde. Il s'y consola de la leçon qu'il venait de recevoir, en se disputant violemment sur le prix du foin avec un fermier qui, pour faire renouveler son bail expiré, avait été forcé malgré lui de se mettre en campagne avec son laird.

Waverley se vit donc encore une fois réduit au silence; prévoyant que s'il cherchait encore à lier conversation avec quelqu'un de ses gardes, il fournirait à Balmawhapple l'occasion de faire valoir insolemment l'autorité dont il était revêtu, et de se livrer à son caractère naturellement despotique et brutal, gâté encore par l'encens d'une servile adulation.

Au bout de deux heures, le détachement se trouva près de Stirling; sur les créneaux flottait le drapeau de l'Union, dont le soleil couchant faisait ressortir les couleurs. Pour abréger le chemin, ou peut-être pour montrer son importance et insulter la garnison anglaise, Balmawhapple voulut traverser le parc royal qui entoure le bas du roc sur le sommet duquel la forteresse est située.

(1) On sait que les amateurs anglais tiennent autant à la généalogie de leurs chevaux qu'à celle de leur famille. — Éd

Avec un esprit plus tranquille, Waverley n'eût pas manqué d'admirer ce paysage si intéressant par un mélange de souvenirs romanesques et de beautés naturelles : cette plaine, théâtre des anciens tournois ; ce rocher du haut duquel les belles venaient assister aux combats (1), faisant chacune des vœux pour que la victoire couronnât un chevalier favori ; les tours de cette église gothique où ces vœux recevaient leur récompense ; et enfin, sur le sommet de la même montagne, la citadelle, palais et forteresse en même temps, où la valeur recevait la palme des mains du roi, et où les chevaliers et les dames terminaient la soirée par les danses, les chants et les festins. La vue de ces objets devait intéresser un jeune homme d'une imagination romanesque.

Mais Waverley était livré à des pensées d'une nature bien différente, et bientôt un incident inattendu le tira de ses profondes rêveries. Balmawhapple, dans l'orgueil de son cœur, en faisant défiler son corps de cavalerie au pied des remparts, fit sonner une fanfare, et déployer son étendard. Cette insulte fit probablement sensation; car, lorsque le peloton fut à la portée de la batterie, un boulet passa en sifflant sur la tête du présomptueux capitaine, et s'enterra à quelques pas de distance, en le couvrant de poussière. Il n'eut pas besoin de commander aux cavaliers de hâter le pas : dans le fait, chacun obéissait à l'impulsion du moment ; les chevaux de de M. Jinker eurent occasion de prouver leur vitesse ; et, galopant sans ordre, ils ne reprirent *le trot* (comme le lieutenant le remarqua depuis) que lorsqu'ils furent arri-

---

(1) *The Ladies rock*, le rocher des Dames, auquel il est fait allusion dans la *Dame du Lac*. Voyez aussi la 4ᵉ livraison des *Vues pittoresques d'Écosse*. — Éd.

vés sur une éminence hors de la portée des saluts peu gracieux du château de Stirling. Je dois à la vérité de dire que non-seulement Balmawhapple se tint à l'arrière-garde, et qu'il fit tous ses efforts pour rallier sa troupe débandée, mais encore qu'il répondit en déchargeant contre les remparts son pistolet d'arçon : mais comme il était éloigné d'un demi-mille de la forteresse, je n'ai pu savoir quel fut le résultat de cet acte de vengeance.

Le détachement traversa la mémorable plaine de Bannockburn (1), et dépassa le Torwood (2), qui rappelle au paysan d'Écosse de glorieux ou de terribles souvenirs: les exploits de Wallace, ou les cruautés de Wudd Willie Grime (3). A Falkirk, petite ville déjà fameuse dans les fastes d'Écosse, et qui devait bientôt être encore distinguée (4) dans les événemens de la guerre actuelle, Balmawhapple fit faire halte pour s'y reposer la nuit. Tout se passa sans trop d'égards pour la discipline militaire; le digne quartier-maître ne s'occupait que du soin de savoir où était la meilleure eau-de-vie. Les sentinelles furent jugées inutiles, et la garde ne fut montée que par les hommes du détachement qui purent se procurer de la liqueur. Quelques hommes déterminés eussent facilement taillé ce détachement en pièces ; mais parmi les habitans,

(1) *Bannockburn*, où Bruce acheva la conquête de son royaume par une grande victoire sur les Anglais. — Éd.

(2) Dans les environs de Torwood-Wallace, on montre encore les racines d'un chêne dans lequel Wallace trouva un asile après la bataille de Falkirk. — Éd.

(3) Un fermier du nom de Grime tua d'un coup de fusil un paysan qui traversait son champ. Les juges l'acquittèrent comme insensé. — Éd.

(4) Par la victoire qu'y remporta Charles-Édouard. — Éd.

quelques-uns étaient favorables à la cause des Stuarts ; le grand nombre était indifférent, et le reste avait peur. Il ne se passa donc rien de mémorable dans le courant de la nuit, si ce n'est que Waverley fut souvent réveillé par les buveurs, qui, sans remords et sans pitié, faisaient retentir leurs chansons jacobites.

Le lendemain, à la pointe du jour, l'escadron prit la route d'Édimbourg, quoique la pâleur des visages accusât plus d'un soldat d'avoir passé la nuit dans la débauche. On fit halte à Linlithgow, fameux par son antique palais, encore debout et habitable il y a soixante ans, mais dont les ruines vénérables ont failli être métamorphosées de nos jours en casernes pour les prisonniers français. Puissent reposer en paix les cendres de ce sage homme d'état qui peut compter, parmi ses derniers services rendus à l'Écosse, d'avoir interposé son crédit pour prévenir cette profanation !

A mesure que les cavaliers approchaient de la capitale de l'Écosse, à travers une plaine fertile et bien cultivée, le bruit du canon se faisait entendre. — L'œuvre de destruction est donc commencée ! se dit douloureusement Waverley. — Balmawhapple lui-même jugea qu'il n'était pas inutile de prendre quelques précautions : il envoya un détachement en avant-garde, fit mettre le reste de ses soldats en assez bon ordre, et s'avança fièrement.

Ils atteignirent bientôt une hauteur d'où la vue distinguait Édimbourg se déployant le long de la colline qui descend vers l'est depuis le château. Assiégée, ou, pour mieux dire, bloquée par les insurgés du nord, déjà maîtres de la ville depuis deux ou trois jours, la garnison faisait feu par intervalles sur les corps de Highlanders qui s'exposaient dans son voisinage ou dans la rue principale. La matinée était calme et pure; l'effet de ces décharges à intervalles inégaux était d'envelopper la citadelle de nuages de fumée, dont les plus élevés se dissipaient lentement dans les airs, tandis que le voile du milieu devenait de plus en plus sombre par les nouveaux nuages qui sortaient des remparts. L'édifice ainsi voilé partiellement en recevait un aspect de sombre grandeur, rendu plus terrible pour Waverley quand il songeait quelle était la cause qui le produisait, et que chaque explosion annonçait peut-être la mort d'un brave.

Quand ils approchèrent de la ville, Balmawhapple, qui se rappelait la réception peu amicale qu'il avait rencontrée devant Stirling, ne se souciait guère de mettre à l'épreuve l'artillerie du château. Il quitta donc la grande route pour faire un détour à gauche, se dirigeant vers l'antique Holy-Rood, sans entrer dans la ville. Il rangea ses hommes en bataille devant la façade de ce vénérable édifice, et remit son prisonnier entre les mains d'un officier de Highlanders, qui le conduisit aussitôt dans l'intérieur du palais (1).

Il traversa une galerie longue, basse et irrégulière, dont les murs étaient décorés, disait-on, de tableaux qu'on prétendait être des portraits de rois d'Écosse, quoique la plupart de ces rois eussent vécu plus de cinq cents ans avant que la peinture à l'huile fût inventée. Cette galerie servait de salle des gardes ou de vestibule pour les appartemens que l'aventureux Charles-Édouard occupait dans le palais de ses ancêtres. Des officiers, dans le costume des Highlands et dans celui des Lowlands, passaient et repassaient à la hâte, ou s'arrêtaient dans

(1) La vignette de ce volume représente le palais d'Holy-Rood.
ÉD.

cette pièce comme pour attendre des ordres. Des secrétaires étaient occupés à écrire des passe-ports, des rôles de revue, des listes de morts et de blessés, etc. Tout le monde avait l'air affairé et occupé de quelque projet important. Waverley, à qui personne n'adressait la parole, alla tristement s'asseoir dans l'embrasure d'une fenêtre, attendant, non sans inquiétude, la crise de sa destinée, qui semblait prochaine.

CHAPITRE XL.

Une ancienne et une nouvelle connaissance.

Pendant que Waverley était plongé dans sa rêverie, le frolement d'un plaid se fit entendre derrière lui, une main amie toucha son épaule, et une voix familière s'écria :

— Le prophète des Highlands disait-il la vérité, ou la seconde vue ne méritera-t-elle plus de croyance?

Waverley se retourna, et fut tendrement embrassé par Fergus Mac-Ivor.

— Soyez mille fois le bienvenu au palais de Holy-Rood rendu enfin à son légitime souverain.... Ne vous avais-je pas dit que nous réussirions, et que vous tomberiez entre les mains des Philistins, si vous nous quittiez?

—Cher Fergus, il y a long-temps que je n'ai entendu la voix d'un ami!.... Où est Flora?

—En sûreté, et témoin triomphant de notre succès.

—Est-elle ici?

—Oui, c'est-à-dire dans la ville: vous ne tarderez pas à la voir; mais il faut d'abord que je vous fasse connaître un ami à qui vous pensez peu, et qui m'a bien souvent demandé de vos nouvelles.

Ce disant, il le prit par la main, l'entraîna hors de la salle des gardes, et avant que Waverley vit où il était conduit, il se trouva dans une salle d'audience arrangée avec l'intention de lui donner un aspect de salle royale.

Un jeune homme, en cheveux blonds (1), distingué par la dignité de son maintien et la noble expression de ses traits réguliers, sortit d'un cercle de militaires et de chefs de Highlands qui l'entouraient, et s'avança vers lui. Waverley crut dans la suite l'avoir reconnu à sa démarche gracieuse et à ses manières aisées, sans avoir eu besoin de remarquer l'étoile sur sa poitrine et la jarretière brodée à son genou.

—Que Votre Altesse Royale, dit Fergus en s'inclinant profondément, daigne me permettre de lui présenter....

—Le descendant d'une des plus anciennes et des plus loyales familles d'Angleterre, dit le jeune Chevalier en l'interrompant. Je vous prie de m'excuser, mon cher Fergus, si je vous interromps; mais est-il besoin de maître des cérémonies pour présenter un Waverley à un Stuart?

A ces mots il tendit la main avec la plus aimable cour-

(1) L'auteur remarquera tout à l'heure que la mode générale était alors de porter perruque. Il paraît que Charles-Édouard avait ses cheveux naturels. — Éd.

toisie à notre héros, qui ne put éviter de lui rendre l'hommage qui semblait dû à son rang, et qui était certainement un droit de sa naissance (1). — Je suis fâché d'apprendre, M. Waverley, que, par des circonstances mal expliquées jusqu'à présent, vous avez été retenu malgré vous par quelques hommes de nos partisans dans le Perthshire et pendant la route; mais nous nous trouvons dans une telle situation, qu'on a quelque peine à distinguer ses amis... Moi-même, en ce moment, je ne sais si je dois me flatter de compter M. Waverley au nombre des miens!

Ici il s'interrompit un instant; mais avant qu'Édouard eût pu faire une réponse convenable, ou même recueillir ses idées à ce sujet, le prince tira un papier de sa poche, et continua :

—Je n'aurais aucun doute là-dessus si je pouvais m'en rapporter à cette proclamation publiée par les amis de l'électeur de Hanovre, qui nomme M. Waverley parmi les nobles et les gentilshommes qui, pour prix de leur fidélité envers leur légitime souverain, sont menacés du supplice de haute trahison; mais je ne veux devoir de partisans qu'à l'affection et à la conviction. Si M. Waverley désire poursuivre son voyage vers le sud ou joindre les troupes de l'électeur de Hanovre, il aura un passe-port de moi et la liberté de le faire. Je regretterai seulement qu'il ne soit pas en mon pouvoir de le garantir des conséquences probables d'une semblable résolution. Mais si M. Waverley se déterminait à mar-

(1) Voici une de ces phrases semi-jacobites qui ont échappé à l'auteur dans le cours de ses romans, et qui lui ont attiré quelques critiques de la part des zélés partisans de la maison de Hanovre et de Brunswick. — Éd.

cher sur les traces de son respectable aïeul, sir Nigel;
s'il voulait embrasser une cause qui n'est recommandée
que par sa justice; s'il suivait un proscrit qui se jette
dans les bras de son peuple pour recouvrer le trône de
ses pères ou pour périr, je puis lui dire qu'il trouverait
dans cette noble entreprise des associés dignes de lui, et
un maître qui peut être malheureux, mais jamais ingrat.

Le politique chef de la race d'Ivor avait bien compris
tout son avantage en amenant cette entrevue personnelle
entre son ami et le prince aventurier. Etranger au langage
et aux manières d'une cour polie, que Charles avait acquis à un degré éminent, Édouard fut touché jusqu'au
fond du cœur de ces paroles bienveillantes, qui l'empor-
tèrent aisément sur tous les motifs de prudence. Être
ainsi sollicité par un prince dont la personne et le courage qu'il déploya dans cette singulière aventure répondaient si bien à ses idées d'un héros de roman; être
flatté par lui dans les antiques appartemens du palais
de ses pères, reconquis par cette épée qu'il tirait déjà
du fourreau pour d'autres victoires, — c'en était assez
pour rendre à Édouard la dignité et l'importance qu'il
croyait avoir perdues!—rejeté, calomnié et menacé de
l'autre côté, il était attiré par des séductions irrésis-
tibles vers la cause que les préjugés de l'éducation et
les principes politiques de sa famille lui avaient déjà
recommandée comme la plus juste. Ces pensées,
qui vinrent l'assaillir à la fois, effacèrent de son esprit
toute considération d'une tendance opposée.—Le temps
d'ailleurs n'admettait point de délibération, et Waverley, tombant aux genoux de Charles-Édouard, voua son
cœur et son épée à la défense de ses droits.

Le prince (car quoique malheureux des folies et des

fautes de ses ancêtres, Charles-Édouard recevra de nous, ici et ailleurs, le titre dû à sa naissance), le prince s'empressa de le relever, et le serra dans ses bras avec une expression de reconnaissance trop affectueuse pour n'être pas franche. Il remercia aussi plusieurs fois Fergus Mac-Ivor de lui avoir amené un tel partisan, et présenta Waverley aux divers seigneurs, chefs des Highlands et officiers qui étaient auprès de sa personne, comme un jeune gentilhomme de la plus haute espérance, dont l'enthousiasme franc et courageux pour sa cause leur était un garant des sentimens des principales familles anglaises dans cette crise importante. Dans le fait, c'était là un grand sujet de doute parmi les partisans de la maison des Stuarts; une défiance assez bien fondée de la coopération des jacobites anglais empêchait plusieurs Écossais d'un haut rang de se rendre sous l'étendard de Charles, et diminuait le courage de ceux qui l'avaient joint; rien ne pouvait donc être plus heureux pour le Chevalier que cette déclaration en sa faveur, du représentant de la maison de Waverley-Honour, si connue parmi les Cavaliers et les royalistes. C'était ce que Fergus avait prévu dès le commencement. Il aimait réellement Waverley, parce que leurs sentimens et leurs projets ne s'étaient jamais trouvés en opposition; il espérait qu'il serait un jour uni à Flora, et se réjouissait de le voir enfin engagé dans la cause qu'il avait embrassée lui-même; mais, comme nous l'avons déjà fait entendre, il triomphait aussi comme politique d'avoir attaché à son parti un homme de cette importance, et il était aussi très-sensible à la considération personnelle qu'il acquérait lui-même auprès du prince par le service qu'il lui rendait.

Charles-Édouard de son côté semblait empressé de montrer à ses officiers le prix qu'il attachait à son nouveau partisan; et, dans ce but, il lui raconta aussitôt, comme en confidence, les détails de sa situation.

— M. Waverley, lui dit-il, par des causes dont je ne suis informé qu'incomplètement, vous avez été si longtemps privé de nouvelles, que vous ignorez, je présume, les particularités importantes de ma situation actuelle. Vous avez dû cependant entendre parler de mon débarquement dans le district éloigné de Moidart (1), avec sept individus seulement; là de nombreux chefs de clans, dans leur enthousiasme loyal, ont mis tout à coup un aventurier à la tête d'une vaillante armée. J'imagine que vous avez su aussi que le général en chef de l'électeur de Hanovre (2) marchait contre nous à la tête d'une armée forte par le nombre et la discipline, dans l'intention de nous livrer la bataille; mais le courage lui a manqué lorsque nous n'étions plus qu'à trois heures de marche l'un de l'autre, de sorte qu'il nous a cédé le pas et s'est

(1) Charles-Édouard s'embarqua pour l'Écosse le 20 juin, débarqua à Loch Sunart le 24 juillet, et fut reçu dans la maison de M. Macdonald de Kinloch Moidart, comté d'Argyle. Il était accompagné du duc d'Athole, appelé généralement le marquis de Tullebardine, qui avait été en exil depuis 1715, et privé de son titre; de Macdonald, Irlandais; de Kelly, Irlandais, qui avait été secrétaire de l'évêque de Rochester; de Sullivan, Irlandais; de Sheridan, Irlandais, qui avait été gouverneur du prince; de Macdonald, Écossais; de Strickland, Irlandais, ou Anglais, selon Home; et de Michel, Italien, son valet de chambre. Il fut bientôt joint par Caméron Lochiel avec son clan de Camérons; par Macdonald du clan Ronald, etc. — Éd.

(2) Ce général était sir John Cope, qui n'était pas sans réputation avant 1745, et qui fut mis en jugement comme incapable ou traître après sa défaite. — Éd.

dirigé vers le nord sur Aberdeen, laissant le bas pays ouvert et sans défense. Pour profiter de cette circonstance, j'ai marché sur cette métropole, chassant devant moi deux régimens de cavalerie qui avaient menacé de tailler en pièces tous les montagnards qui voudraient dépasser le fort de Stirling. Pendant que les magistrats et les principaux citoyens discutaient entre eux s'ils devaient ouvrir leurs portes ou se défendre, mon fidèle ami Lochiel, ajouta le prince en frappant sur l'épaule de ce brave chef, mit fin à leur indécision, en forçant les portes à la tête de cinq cents Camérons. Jusque-là donc tout a bien été pour nous;—mais dans l'intervalle, le vaillant général ayant recouvré quelque vigueur dans l'air vif d'Aberdeen, s'est embarqué pour Dunbar, et je viens de recevoir la nouvelle certaine qu'il y est debarqué hier. Son projet doit être sans aucun doute de venir reconquérir la capitale. Or, il y a deux opinions dans mon conseil de guerre: selon les uns,—étant probablement inférieurs par le nombre, et certainement par la discipline et les approvisionnemens militaires, pour ne rien dire de notre manque absolu d'artillerie et de la faiblesse de notre cavalerie, il serait plus sûr pour nous de battre en retraite dans les montagnes, et d'y traîner la guerre en longueur jusqu'à ce que des secours nous arrivent de France, et que tous les clans aient pris les armes en notre faveur; selon les autres, un mouvement rétrograde porterait le plus grand tort à notre entreprise, et refroidirait le zèle de nos amis, bien loin de nous en assurer d'autres. Les officiers qui sont de ce dernier avis, y compris votre jeune ami Fergus Mac-Ivor, soutiennent que si les Highlanders sont étrangers à la discipline militaire et à la discipline des soldats d'Europe, les soldats qu'ils ont à combattre ne sont pas moins étrangers à leur terrible mode d'attaque ; qu'on peut compter sur leur courage comme sur le dévouement des chefs et des gentilshommes ; que comme ceux-ci se précipiteront au milieu des rangs ennemis, les clans les y suivront ; enfin, qu'ayant tiré l'épée, nous devons jeter le fourreau, et mettre notre espoir dans les combats et dans le Dieu des combats. M. Waverley aurait-il la complaisance de nous faire connaître son opinion dans ces circonstances difficiles ?

Waverley rougit de modestie et de plaisir tout ensemble en se croyant honoré par cette question ;—il répondit avec autant de zèle que de courage qu'il ne pouvait se hasarder à donner une opinion fondée sur des connaissances militaires ; mais que le parti le plus agréable pour lui serait celui qui lui fournirait le plus tôt l'occasion de prouver son dévouement à Son Altesse Royale.

—Répondu en Waverley ! dit Charles Édouard. Pour que vous occupiez un rang digne de votre nom, permettez-moi de remplacer votre brevet de capitaine, qu'on vous a ôté, par celui de major-général, en restant attaché à ma personne en qualité d'aide-de-camp jusqu'à ce que je puisse vous donner un régiment : et j'espère qu'il y en aura bientôt plusieurs de formés.

Waverley, se souvenant de Balmawhapple et de sa troupe, répondit :

—Votre Altesse Royale me pardonnera si je n'accepte aucun rang jusqu'à ce que je me trouve dans un lieu où j'aurai assez de crédit pour lever un corps dans le commandement duquel je pourrai être utile. Daignez me permettre de servir en qualité de volontaire sous les ordres de mon ami Fergus Mac-Ivor.

— Du moins, lui dit le Prince, évidemment charmé de cette réponse, vous ne me priverez pas du plaisir de vous armer à la façon des Highlands. A ces mots il déboucla sa propre épée écossaise, dont le ceinturon était garni d'argent, et la poignée d'acier d'un riche et curieux travail.

— La lame, dit-il, est une *André Ferrara* (1); elle a été une espèce de meuble héréditaire dans notre famille; mais je suis persuadé que je la remets en de meilleures mains que les miennes, et j'y ajouterai des pistolets du même ouvrier... Colonel Mac-Ivor, vous avez sans doute beaucoup de choses à dire à votre ami; je ne vous priverai pas plus long-temps du plaisir de converser ensemble. N'oubliez pas, je vous prie, que je vous attends l'un et l'autre ce soir : ce sera peut-être la dernière nuit dont nous jouirons dans ce palais; et comme nous allons au champ d'honneur avec une bonne conscience, nous passerons gaiement la veille du combat.

Ayant pris congé du Prince, le chef et Waverley sortirent de la salle d'audience.

(1) Les épées qu'on trouve encore en Écosse avec le nom de cet artiste, sont de manufacture espagnole. Ferrara était, dit la tradition, un habile ouvrier de Guipuscoa; il fut obligé de se réfugier en Écosse sous Jacques IV ou Jacques V, pour avoir tué son apprenti qui lui avait dérobé le secret de la trempe de son acier. Il y a aussi des épées qui portent le nom d'André Ferrara, et qui passent pour être italiennes. — Éd.

CHAPITRE XLI.

Le mystère commence à s'éclaircir.

— Comment le trouvez-vous? dit Fergus à son ami en descendant l'escalier.

— C'est un prince pour qui il est doux de vivre et de mourir. Telle fut la réponse de notre jeune enthousiaste.

— Je savais bien que vous ne penseriez pas autrement, lorsque vous l'auriez vu, et j'aurais voulu que cela fût plus tôt; mais votre entorse m'en empêcha. Cependant il a aussi ses faiblesses, — ou plutôt il a un jeu difficile à jouer; et ses officiers irlandais, toujours près de lui, sont de tristes conseillers (1); — ils ne peu-

(1) Les Irlandais qui avaient accompagné le prince étaient, à ce qu'il paraît, des aventuriers avides, qui obtinrent sa confiance par leurs intrigues plutôt que par leur mérite. Cependant Sullivan était un bon officier qui avait été l'aide-de-camp du maréchal de Maillebois en Italie. — Éd.

vent juger sainement des nombreuses prétentions qu'on met en avant. Le croiriez-vous? J'ai été obligé, pour le moment, de ne pas prendre mon titre de comte, quoiqu'il soit la récompense de dix ans de travaux, et cela, de peur d'exciter la jalousie de C*** et de M***. Mais vous avez eu bien raison, Édouard, de refuser l'emploi d'aide-de-camp. Il y en a deux de vacans; mais Clanronald, Lochiel et presque tous les chefs de clans, nous en demandons un pour le jeune Aberchallader, et le parti des Lowlands avec les Irlandais n'espèrent pas moins obtenir l'autre pour le Maître de F*** (1). Votre nomination, au détriment de l'un de ces candidats, vous aurait fait de nombreux ennemis. Je suis bien surpris que le Prince vous ait offert la place de major, quand il doit savoir que tel gentilhomme qui ne peut lui fournir cent cinquante hommes, se contentera à peine du titre de lieutenant-colonel.... Mais, « patience, cousin, et battez les cartes!...»Tout va bien pour le moment,—il nous faut maintenant vous équiper pour ce soir; car, à vous parler franchement, votre homme extérieur n'est pas présentable à la cour.

— Il est vrai que depuis notre séparation je n'ai pas quitté mon habit de chasse; mais probablement, mon ami, c'est ce que vous savez aussi bien ou mieux que moi.

— Vous faites trop d'honneur à ma seconde vue (2). Nous étions tellement occupés d'abord des préparatifs de la bataille que nous espérions livrer à Cope, et en-

(1) *The Master of,* le Maître de. On appelle ainsi en Écosse le fils aîné d'un baron ou vicomte, en y ajoutant le nom du titre de son père. Par exemple le Maître de Ravenswood. *Master* répond alors à notre *chevalier*. — Éd.

(2) Au figuré : à ma perspicacité. — Éd.

suite de nos opérations dans les Lowlands, que tout ce que je pus faire, fut de donner à ceux des nôtres que nous laissâmes dans le Perthshire, des instructions générales pour vous secourir et vous protéger, si vous étiez rencontré par eux ; mais contez-moi vous-même toute l'histoire de vos aventures, qui ne nous est parvenue qu'incomplète et défigurée.

Waverley lui fit le récit des détails que le lecteur connaît déjà. Fergus l'écouta avec la plus grande attention. Ils étaient arrivés à leur logement dans une cour pavée, écartée de la rue, chez une veuve enjouée, de quarante ans, qui paraissait sourire très-gracieusement au jeune chef, étant d'un caractère que la bonne humeur et la bonne mine ne manquaient jamais d'intéresser, quelle que fût l'opinion politique de son hôte. Callum Beg reçut Waverley avec le sourire d'une connaissance.

— Callum! dit Fergus, appellez *Shemus an Snachad* (Jacques de l'Aiguille). C'était le tailleur héréditaire de Vich Ian Vohr. — Shemus! lui dit le chef, M. Waverley va porter le *cath-dath* (tartan); ses trews doivent être prêts dans quatre heures; vous connaissez la mesure d'un homme bien fait? Deux doubles seize (1) pour le mollet...... onze des hanches aux talons, sept pour la ceinture.

— Je consens que Votre Honneur fasse pendre Shemus, s'il y a dans les Highlands une paire de ciseaux qui découpent mieux que les nôtres le *cumadh an truais* (2).

(1) Seizième partie de l'aune, à peu près un pouce. — Éd.
(2) C'est-à-dire la coupe d'un trews ou pantalon des Highlands. — Éd.

— Il faut, dit le chef, un plaid du tartan Mac-Ivor et une ceinture; un bonnet bleu sur le modèle de celui du Prince : mon frac vert avec le galon d'argent lui siéra à merveille; je ne l'ai pas encore porté. Dites à l'enseigne Mac-Combich de choisir une de mes meilleures targes. Mon cher Édouard, le Prince vous a fourni les pistolets et l'épée; et je veux vous donner le dirk et la bourse.

— Ajoutez à tout cela une chaussure à talons bas, et vous êtes, mon cher Édouard, un véritable enfant d'Ivor.

Après avoir ainsi donné ses ordres, Fergus reprit la conversation avec Waverley, sur ses aventures.

— Je vois clairement, dit-il, que c'est Donald Bean Lean qui vous a retenu prisonnier. Il est bon que vous sachiez que, lorsque je me mis à la tête de mon clan pour aller trouver le Prince, je chargeai cet honnête Donald de faire une expédition, et de me rejoindre le plus tôt possible. Au lieu de se conformer à ses instructions, le gentilhomme, voyant le pays dégarni, aura jugé qu'il lui convenait mieux de faire la guerre pour son propre compte. Il a battu tout le pays, pillant indistinctement ami et ennemi, sous prétexte de lever le black-mail, tantôt se servant de mon nom, et quelquefois du sien. (Maudite soit l'impudence du grand homme!) Sur mon honneur, si je revois le rocher de Benmore, je crois que je ferai pendre ce drôle. Je le reconnais dans la manière dont vous êtes sorti d'entre les mains de ce coquin hypocrite Gifted Gilfillan..... Je ne doute pas que ce ne fût Donald lui-même qui remplissait le rôle de colporteur; mais je ne puis concevoir qu'il ne vous ait pas dévalisé; au moins qu'il n'ait pas exigé une forte rançon pour vous rendre la liberté.....

— Quand et de qui apprîtes-vous la perte de ma liberté? demanda Waverley.

— Du Prince lui-même, qui s'informa, dans le plus grand détail, de tout ce qui vous concernait. Il me dit que vous étiez au pouvoir de nos partisans; vous sentez bien, mon cher ami, qu'il ne me convenait pas de le questionner. Il me demanda de quelle manière il devait disposer de vous : je le priai d'ordonner que vous fussiez conduit ici comme prisonnier de guerre. Je crus devoir prendre cette précaution pour ne pas vous compromettre auprès du gouvernement anglais, si vous persistiez dans votre projet de retourner auprès de vos parens. Vous devez vous rappeler que j'ignorais entièrement alors qu'on vous eût accusé de haute trahison, ce qui, je présume, a dû contribuer à changer vos plans. On chargea cette lourde brute de Balmawhapple de vous escorter dans la route, depuis Doune, avec ce qu'il appelle son escadron. Outre la répugnance que la nature lui a donnée pour tous les sentimens nobles et généreux, je présume que son duel avec Bradwardine lui pèse sur le cœur. Je ne serais pas même éloigné de croire que c'est d'après la manière dont il a raconté cette histoire, que certains bruits peu honorables pour vous sont parvenus à votre ci-devant régiment.

— Vous avez raison, cher Fergus; mais maintenant vous pourriez trouver le temps de me dire quelque chose de Flora.

— Que puis-je vous dire? si ce n'est qu'elle se porte très-bien; elle habite chez une de ses amies. J'ai cru qu'il convenait, sous tous les rapports, de la faire venir ici. Depuis notre succès, maintes dames de rang figurent dans notre cour guerrière. Je vous assure qu'il y a de quoi être fier d'être si proche parent d'une personne comme Flora Mac-Ivor ; et quand il y a tant de gens qui emploient tous les moyens pour faire valoir leurs diverses prétentions, on peut fort bien ne rien négliger de son côté pour se donner un peu plus d'importance.

Il y avait dans cette dernière phrase quelque chose de pénible pour le cœur de Waverley. Il ne pouvait penser sans répugnance que Flora fût considérée comme un moyen de faveur pour son frère, grace à l'admiration qu'elle excitait naturellement partout; et quoique ce sentiment fût parfaitement d'accord avec plusieurs traits du caractère de Fergus, il en fut choqué comme d'un principe d'égoïsme indigne de l'ame noble de sa sœur et de l'esprit fier et indépendant du chef lui-même. Fergus, à qui ces manœuvres étaient familières, comme à un homme élevé dans la cour de France (1), ne remarqua pas l'impression défavorable qu'il venait de faire sur son ami, et continua en disant :

— Nous ne verrons guère Flora que ce soir au bal et au concert qui auront lieu au palais..... Nous eûmes une querelle ensemble, parce qu'elle n'était pas descendue pour recevoir vos adieux..... Je ne voudrais pas la renouveler, en lui demandant à vous recevoir ce matin : ce serait non-seulement peut-être une démarche inutile, mais encore ce serait risquer de ne pas la voir ce soir.

(1) Nous ne saurions nous empêcher de remarquer que plusieurs fois l'auteur affecte d'attribuer tous les vices du caractère de Fergus à son séjour en France. Il est vrai que la cour était alors un réceptacle d'intrigans, de favoris et de favorites à qui tout moyen de fortune paraissait bon. Mais qu'était alors la morale en Angleterre! Sir Walter Scott en a tracé un tableau bien hideux dans sa *Vie de Johnstone (Biographie des romanciers)*. La cour anglaise ne devait rien à la nôtre. — Éd.

Ils en étaient là de leur entretien; quand Waverley entendit dans la cour, au-dessous de la fenêtre, une voix qui lui était bien connue.

— Je vous le répète, mon digne ami, disait l'interlocuteur : vous avez essentiellement violé la discipline militaire; et, si vous n'étiez comme qui dirait un *tyro* (1), votre conduite mériterait les plus graves reproches. Un prisonnier de guerre ne doit être ni chargé de fers, ni mis dans un souterrain, *in ergastulo :* comme c'eût été le cas, si vous aviez remplacé ce gentilhomme dans la basse fosse du donjon de Balmawhapple. Je conviens qu'un tel prisonnier peut être, par précaution, tenu *in carcere*, c'est-à-dire dans une prison publique.

La voix grondeuse de Balmawhapple se fit alors entendre. On comprit seulement qu'il s'éloignait très-mécontent; mais on ne put saisir de sa réponse que le mot de — *land-louper* (2). — Édouard ne le trouva plus, quand il descendit dans la cour pour présenter ses civilités au digne baron de Bradwardine. L'uniforme dont celui-ci était revêtu donnait encore plus de raideur à sa grande taille perpendiculaire, et le sentiment de son autorité militaire, avait augmenté en proportion l'importance de ses manières et l'affectation dogmatique de sa conversation.

Il reçut Waverley avec sa bienveillance habituelle, et son premier mouvement fut de lui demander avec une curiosité inquiète l'explication des circonstances qui avaient servi de prétexte à la perte de sa commission dans le régiment de G***; non, dit-il, qu'il eût la moin-

(1) Un novice, un *conscrit*. — Éd.
(2) Ce mot écossais désigne un homme qui passe souvent d'un pays à un autre, un *transfuge*. — Éd.

dre crainte que son jeune ami eût mérité ce traitement peu généreux; mais il lui semblait juste et convenable que le baron de Bradwardine, comme homme d'un grade élevé, et digne de confiance, fût pleinement à même de réfuter toute espèce de calomnie contre l'héritier de Waverley-Honour, qu'il pouvait, à tant de titres, regarder comme son propre fils.

Fergus Mac-Ivor, qui venait de les rejoindre, fit au baron un récit rapide des aventures de Waverley, et conclut par la réception flatteuse du jeune Chevalier. Le baron écouta en silence, et quand Fergus eut cessé de parler, il prit la main d'Édouard et la secoua cordialement pour le féliciter d'être entré au service de son prince légitime, — Car, ajouta-t-il, quoique dans tous les temps on ait regardé la violation du serment militaire comme un sujet de scandale et de déshonneur, personne n'a jamais mis en doute qu'on ne fût entièrement dégagé du serment d'obéissance en recevant sa *demissio* ou le renvoi du militaire, soit que le serment eût été prononcé par chaque soldat individuellement, ce que les Romains appelaient *per conjurationem*; soit par un soldat au nom de tous. S'il en était autrement, la condition du soldat serait pire que celle des charbonniers-mineurs, des sauniers et autres esclaves du sol (1).

---

(1) Long-temps les charbonniers-mineurs et les employés aux salines ont été dans une véritable servitude en Écosse. Les Écossais de 1745 croyaient qu'il en était encore de même en Angleterre, car lorsque le maréchal Wade n'osa pas s'éloigner de Newcastle pour s'opposer à la marche du Prétendant, on crut dans l'armée de celui-ci qu'il avait craint que les vingt mille mineurs de cette ville ne profitassent de l'occasion pour se délivrer de leur esclavage. — Éd.

Il y a quelque chose là-dessus dans le traité du savant Sanchez, *De jurejurando*, que vous avez sans aucun doute consulté à cette occasion. Quant à ceux qui vous ont calomnié par leurs mensonges, je déclare qu'ils ont encouru la peine de la loi *Memnonia*, appelée aussi *lex Rhemnia*, et qui est commentée dans la harangue de *Tullius* contre *Verrès*. Mais j'aurais cru, mon cher Waverley, qu'avant d'accepter une place quelconque dans l'armée du Prince, vous vous seriez informé du rang qu'y tenait le baron de Bradwardine, et s'il ne se serait pas trouvé heureux de vous voir entrer dans le régiment de dragons qu'il est en train de lever.

Édouard éluda le reproche en faisant valoir qu'il avait été forcé de donner de suite une réponse au Prince, et qu'il ignorait dans ce moment si son ami le baron était à l'armée ou faisait son service ailleurs.

Cette petite difficulté terminée, Waverley demanda des nouvelles de miss Bradwardine; il apprit qu'elle était venue à Édimbourg avec Flora Mac-Ivor, sous l'escorte d'un détachement du clan de Fergus. Cette mesure était devenue nécessaire, par suite des événemens de la guerre. Tully-Veolan eût été pour une jeune personne sans protecteurs un séjour peu agréable et dangereux, à raison du voisinage des Highlands, et aussi de deux grands villages qui, autant par aversion pour les Caterans que par zèle pour le presbytérianisme, s'étaient déclarés en faveur du gouvernement, et formaient des corps de partisans, lesquels avaient de fréquentes escarmouches avec les montagnards, et attaquaient quelquefois les maisons des propriétaires jacobites.

— Je voudrais vous proposer, ajouta le baron, de

venir visiter mon logement dans les Luckenbooths (1), et vous admireriez en passant High-Street (2), qui est, sans le moindre doute, plus belle qu'aucune rue de Paris ou de Londres. Mais Rose, la pauvre petite, est un peu effrayée du canon du château, quoique je lui aie prouvé par *Blondel* et *Cohorn* (3) qu'il est impossible qu'un boulet nous y atteigne. Son Altesse Royale m'a aussi chargé de me rendre au camp pour faire plier les bagages, *conclamare vasa.*

— Ce sera vite fait pour la plupart de nous, répondit Fergus en riant.

— Je vous demande pardon, colonel Mac-Ivor; pas aussi vite que vous semblez le penser. Je sais que la plupart de vos gens ont eu soin de quitter les Highlands, légers de bagages et d'embarras; mais je ne saurais vous détailler tous les petits meubles inutiles qu'ils ont recueillis dans la route. J'en ai vu un, colonel, je vous demande pardon de nouveau; j'ai vu un de vos gens (encore une fois je vous demande pardon) avec un miroir de cheminée sur son dos.

— Oui, oui! répondit gaiement Fergus, et, si vous

(1) Vieux quartier de l'ancienne ville. — Éd.

(2) High-Street. C'est la grande rue de la ville vieille, à Édimbourg. High-Street signifie belle rue, grand'rue, rue haute: toutes ces épithètes seraient exactes. — Éd.

(3) Il y a eu deux Blondel, l'oncle et le neveu. L'oncle, François Blondel, était un des architectes qui font le plus d'honneur à la France. Mais le baron avait lu surtout, à ce qu'il paraît, son *Art de jeter les bombes,* un vol. in-12, La Haye, 1685, et sa *Nouvelle manière de fortifier les places,* ouvrage dont Louis XIV fut si content, qu'il nomma Blondel maréchal-de-camp.

Cohorn a été surnommé le *Vauban* hollandais: ses ouvrages sont devenus classiques. — Éd.

vous fussiez avisé de le questionner, il n'eût pas manqué de vous répondre : — Un pied qui marche accroche toujours quelque chose. — Convenez, mon cher baron, que cent hulans ou une troupe de pandours de Schmirschitz feraient cent fois plus de mal dans un pays, que le chevalier du *miroir* et tous nos clans ensemble (1).

— Je n'en disconviens pas, colonel ; ils sont, comme dit un auteur païen, horribles à voir, mais d'un caractère beaucoup plus doux qu'on ne s'y attendrait d'après leur physionomie : *ferociores in aspectu, mitiores in actu.* Mais je m'amuse à jaser avec ces deux jeunes gens, tandis que mon devoir m'appelle au Parc du roi (2).

— Mais j'espère, lui dit Fergus, que vous viendrez dîner avec nous. Quoique je sache, au besoin, vivre en montagnard, je me souviens de mon éducation de Paris, et j'entends parfaitement l'*art de faire la meilleure chère* (3).

— Qui diable pourrait en douter? dit le baron en riant, quand vous ne fournirez que la cuisine, et que la bonne ville fournira les matériaux; allons! j'ai aussi quelques affaires de ce côté-ci. — Je vous joindrai à trois heures, si le dîner peut attendre jusque-là.

A ces mots il prit congé de ses deux amis, et fut s'acquitter de sa commission.

(1) Voyez la dernière phrase de l'avertissement, tom. XI. — ÉD.
(2) Le Parc du roi comprend le mont d'Arthur et ses alentours, Salisbury-Craigh, Saint-Léonard, etc. — ÉD.
(3) Ici comme ailleurs nous citons le bon ou mauvais français du baron. — ÉD.

CHAPITRE XLII.

Un dîner de militaires.

Jacques de l'Aiguille était homme de parole lorsque le whisky ne se mettait pas de la partie. Dans cette circonstance, Callum Beg, qui se croyait encore le débiteur de Waverley, puisqu'il avait refusé son offre de se libérer envers lui aux dépens de la personne de mon hôte du Chandelier, profita de l'occasion pour acquitter ses obligations, en montant la garde auprès du tailleur héréditaire de Sliochd Nan Ivor, et, selon son expression, il le serra de près jusqu'à ce qu'il eût achevé sa tâche. Pour se débarrasser de cette contrainte, Shemus fit voler son aiguille comme l'éclair à travers le tartan : il chantait une des terribles batailles de l'ancien héros

Fin Macoul (1), et faisait trois points à la mort de chaque guerrier. L'habillement complet fut donc bientôt prêt, car le frac de Fergus allait parfaitement à la taille d'Édouard, et le reste de l'équipement ne demandait pas beaucoup de temps.

Notre héros s'étant alors revêtu du costume « du vieux Gaul, » bien propre à donner un air de force à sa taille plus élégante que robuste, j'espère que mes belles lectrices lui pardonneront s'il se regarda plus d'une fois dans un miroir, et s'il ne put s'empêcher d'y voir la ressemblance d'un jeune homme bien fait. En effet, il eût été difficile de se le dissimuler : ses cheveux châtain-clair (Édouard ne portait point perruque, quoique ce fût la mode générale) ressortaient d'une manière charmante sous sa toque. Sa taille annonçait la force et la souplesse; et les amples plis de son tartan lui prêtaient une véritable dignité; ses yeux bleus exprimaient également bien

La mollesse d'amour et le feu de la guerre.

Son air timide, qui, dans le fait, n'était que la suite de son manque d'usage, prêtait de l'intérêt à ses traits sans leur faire rien perdre de leur grace et de leur vivacité.

— C'est un joli homme, un très-joli homme, dit Evan Dhu (devenu l'enseigne Mac-Combich), en s'adressant à l'hôtesse enjouée de Fergus.

— Il est très-bien, répondit la veuve Flockhart; mais il n'est pas aussi bien que votre colonel, enseigne!

— Je n'ai pas prétendu faire une comparaison ni dire

(1) Un des héros de la tradition ossianique. — Éd.

qu'il avait un beau visage, mais seulement que M. Waverley a l'air propre, leste comme un brave garçon de son coin, et qui ne demandera pas de l'orge dans une bataille ; et vraiment il manie passablement la claymore et la targe : j'ai souvent joué moi-même avec lui à Glennaquoich, et Vich Ian Vohr comme moi, les dimanches après-midi.

— Qu'osez-vous dire, M. Mac-Combich! votre colonel est incapable de cette profanation.

— Bah ! bah, mistress Flockhart, nous sommes jeunes, voyez-vous, et, comme on dit, *jeunes saints, vieux diables !*

— Est-il vrai, enseigne Mac-Combich, que vous vous battez demain avec sir John Cope ?

— Je le crois, s'il veut nous attendre, mistress Flockhart.

— Comment, vous vous trouverez face à face avec ces terribles hommes, les dragons, enseigne Mac-Combich ?

— Je l'espère, mistress Flockhart : *griffes contre griffes,* comme dit Conan à Satan, et le diable emporte les plus courtes (1).

— Et le colonel se hasardera aussi contre les baïonnettes ?

— Je vous en réponds, mistress Flockhart, c'est lui qui portera le premier coup, par saint Phédar !

— Miséricorde divine, que m'apprenez-vous ! s'il venait à être tué par les Habits Rouges!....

— Si cela arrivait, mistress Flockhart, je connais quelqu'un qui ne lui survivrait pas pour le pleurer.....

(1) Nous avons déjà expliqué ce proverbe dans le chapitre XXII de ce roman ; mais il est ici cité plus exactement. — Éd.

Mais il s'agit de vivre aujourd'hui, et de dîner ; voici Vich Ian Vohr qui a fait son porte-manteau, et avec lui M. Waverley, fatigué de se pavaner devant la grande glace : vous aurez encore cette grande perche, le baron de Bradwardine, celui qui tua le jeune Ronald de Ballankeiroch ; il arrive avec cette espèce de bailli dandinant qu'on appelle Macwhupple, c'est tout juste comme le cuisinier français du laird de Kittlegab, suivi de son chien Tournebroche ; — et moi enfin qui suis affamé comme un milan, ma belle colombe. Dites donc à Catherine de préparer la soupe, et mettez vos pinners (1). Car vous savez que le colonel ne consentira jamais à s'asseoir s'il ne vous voit placée à la tête de la table ; surtout n'oubliez pas la bouteille d'eau-de-vie, ma femme !

Ces instructions firent servir le dîner. Mistress Flockhart, souriant sous son costume de deuil comme le soleil à travers un brouillard, se plaça au haut de la table, se souciant peut-être très-peu de voir finir une rébellion qui lui procurait une société au-dessus de ses convives habituels : le colonel se mit vis-à-vis d'elle, Waverley et le baron à ses côtés. L'officier de paix, et l'officier de guerre, c'est-à-dire le bailli Macwheeble et l'enseigne Mac-Combich, après avoir fait plusieurs salutations respectueuses à leurs supérieurs, se placèrent l'un à droite et l'autre à gauche du chef. La chère fut excellente, vu le temps, le lieu et les circonstances, et Fergus fut gai jusqu'à la folie. Indifférent aux dangers, ardent et vif par caractère, jeune et ambitieux, il voyait en imagination ses espérances couronnées par le

(1) Espèce de coiffe avec des barbes ou bandelettes pendantes sur chaque côté, depuis les tempes, où elles sont fixées, jusqu'à la ceinture. — Éd.

succès; peu lui importait l'alternative probable du tombeau d'un soldat.

Le baron s'excusa d'avoir amené son bailli. — Nous venons de nous occuper des dépenses de la campagne, dit le vieillard, et, ma foi! comme ce sera, je crois, ma dernière, je finis comme j'ai commencé. Il est plus difficile d'avoir le nerf de la guerre, comme un savant auteur appelle *la caisse militaire*, que d'en avoir la chair, ou les os ou le sang.

— Quoi donc! répondit Fergus, vous avez levé le seul corps de cavalerie qui nous soit utile, et vous n'avez pas reçu quelques bons louis d'or de la Doutelle (1)?

— Non, Glennaquoich; de plus habiles ont passé avant moi.

— C'est vraiment scandaleux! dit le jeune Highlander; mais vous partagerez avec moi les subsides qui m'ont été alloués? Vous dormirez tranquille cette nuit, et demain, avant la fin du jour, nos provisions seront faites d'une manière ou d'autre. Waverley en rougissant, mais de bon cœur, lui fit la même offre.

— Je vous remercie de tout mon cœur, mes bons garçons, répondit Bradwardine, mais je ne toucherai point à votre pécule, *peculium*. Le bailli Macwheeble s'est procuré toute la somme qui nous était nécessaire.

Le bailli s'agita avec anxiété sur son siège, et parut tout-à-fait mal à son aise. Enfin après beaucoup de *hem!*

---

(1) La frégate sur laquelle s'embarqua Charles Édouard s'appelait *la Doutelle*, forte de seize canons. Il était à supposer que quelques *louis d'or* de France avaient été apportés dans ce bâtiment. Un particulier, M. Walsh, avait, il est vrai, frété *la Doutelle* et *l'Élizabeth* qui lui servait d'escorte; mais il fut remboursé par la cour de Versailles. — Éd.

préliminaires et une véritable tautologie sur son dévouement pour Son Honneur le laird; après avoir protesté qu'il le servirait à la vie et à la mort, de jour et de nuit, il insinua que toutes les banques avaient envoyé leur argent monnayé au château, — que sans doute Sandie Goldie, l'argentier (1), ferait beaucoup pour Son Honneur, mais on avait peu de temps devant soi pour rédiger le *wadset* (2), et si Son Honneur pouvait s'entendre avec Glennaquoich et Waverley....

— Que je n'entende plus de pareilles sottises, répondit le baron d'un ton de voix qui rendit Macwheeble muet; si vous désirez continuer à rester à mon service, conformez-vous aux ordres que je vous ai donnés avant de nous mettre à table; c'est notre dernier mot.

Macwheeble n'eût pas éprouvé une douleur plus vive si l'on eût fait passer une partie de son sang dans les veines du baron; il pencha tristement la tête sur sa poitrine, sans avoir la force de répondre une seule parole à cet ordre péremptoire. Après s'être agité en tous sens sur sa chaise, il se tourna vers Glennaquoich, et lui dit d'une voix mal assurée, que s'il avait plus d'argent qu'il ne lui en fallait pour la campagne, il le placerait pour Son Honneur en bonnes mains, et très-avantageusement dans les circonstances actuelles.

Fergus, à cette proposition, partit d'un grand éclat de rire, et, quand il eut repris haleine:

— Mille remerciemens, bailli, dit-il; mais vous savez qu'un militaire n'a d'autre banquier que son hôtesse. —

(1) Long-temps les orfèvres ont été aussi banquiers. Nous verrons dans *Nigel* l'orfèvre Heriot banquier de Jacques Ier. — Éd.

(2) Abandon par contrat des revenus d'une terre jusqu'au remboursement d'une dette; terme de jurisprudence écossaise.—Éd.

Tenez, mistress Flockhart, continua-t-il en tirant cinq à six pièces d'or de sa bourse bien remplie, et vidant le reste dans le tablier de la veuve : — ce que je prends suffira à mes besoins ; veuillez vous charger du reste ; soyez mon banquier, si je vis, et mon exécutrice testamentaire, si je meurs ; mais n'oubliez pas de donner quelque chose aux braves montagnards qui chanteront le mieux le coronach pour le dernier Vich Ian Vohr.

— C'est, dit le baron, le *testamentum militare*, qui avait, chez les Romains, le privilège d'être nuncupatif (1).

Mais le cœur de la bonne mistress Flockhart fut douloureusement ému par les paroles de Fergus. Elle pleura d'une manière lamentable, et refusa positivement de toucher le legs de Fergus, qui fut obligé de le reprendre.

— Eh bien ! dit-il, ce sera la récompense du grenadier qui me fera sauter la cervelle... Je tâcherai qu'il lui en coûte cher avant d'y parvenir.

Le bailli Macwheeble ne put s'empêcher de hasarder encore une fois son avis ; quand il s'agissait d'argent, il lui était impossible de garder le silence.

— Il serait peut-être à propos, dit-il, de disposer de cette somme en faveur de miss Mac-Ivor..... On ne peut prévoir les événemens de la guerre ; il n'en coûtera qu'un trait de plume. Si vous le désirez, je vais rédiger une donation *mortis causâ*.

— Si cet événement arrive, répondit Fergus, la jeune lady aura autre chose à faire qu'à s'occuper de ces misérables louis d'or.

(1) Terme de loi : fait de vive voix, verbal. — Éd.

— Vous avez bien raison, c'est *indubitable*..... Mais Votre Seigneurie n'ignore pas que le plus profond chagrin.....

—Se supporte plus facilement que la faim, n'est-ce pas? Vous avez raison, c'est vrai, très-vrai. Je crois même qu'il y a des hommes qui, par cette sage réflexion, se consoleraient de la perte générale de leurs parens, de leurs amis et de leurs bienfaiteurs; mais il est des chagrins qui ne connaissent ni la faim, ni la soif, et la pauvre Flora.....

Il s'arrêta, et tous ceux qui l'écoutaient partagèrent son émotion. Les idées du baron se portèrent aussitôt sur sa fille, et une larme roula dans les yeux du vieillard.

—M. Macwheeble, dit-il d'une voix étouffée, vous avez tous mes papiers, vous connaissez toutes mes affaires; si je meurs, soyez juste envers Rose.

Le bailli, après tout, était un homme de chair et d'os. Il y avait en lui quelques sentimens de justice et de bonté. Il poussa un gémissement lamentable.

—Si ce jour malheureux venait, dit-il; tant que Duncan Macwheeble possédera un *boddle* (1), il sera pour miss Rose. Je ferais des copies pour un *plack* (2), plutôt que de souffrir qu'elle manquât de la moindre chose ; s'il arrive jamais que la belle baronnie de Bradwardine et Tully-Veolan, avec la tour et le manoir d'icelle (ajouta-t-il en sanglotant à chaque pause), — masure, petits clos, marécages, bruyères, — terres d'engrais, terres labourables, — bâtimens, — vergers,

---

(1) *Boddle*, environ *deux deniers*. — Éd.
(2) Même valeur à peu près que le boodle. — Éd.

colombiers, — avec les droits de pêche et de bateau dans le lac de Veolan; — le pâturage et le vicairage;— annexis et connexis; (1) — droits de dépaissance; — bois de chauffage et tourbe ; — terres et dépendances quelconques (ici il eut recours au bout de sa longue cravate pour essuyer les larmes que lui arrachaient malgré lui les idées réveillées par son jargon technique), — le tout comme il est plus amplement décrit dans les titres et pièces, — et situées dans la paroisse de Bradwardine et le comté de Perth; — si, comme je disais, — toutes ces choses doivent, au préjudice de la fille de mon maître, passer aux mains de Inch Grabbit, qui est un Whig et un Hanovrien, être administrées par son agent, Jamie Howie, qui n'est pas bon à faire un mitron; — quel bailli ce serait!

Le commencement de cette lamentation avait réellement quelque chose d'attendrissant; mais la fin produisit un rire unanime.

— Rassurez-vous, mon cher bailli, dit l'enseigne Mac-Combich, le bon vieux temps de pousser et de déchirer (2) est revenu. Sneckus Mac-Snackus et le reste de vos amis céderont la place à la plus longue claymore.

— Et cette claymore, ce sera la nôtre, bailli, dit le chef qui vit pâlir Macwheeble à ces mots:

> Nous les paierons en bon métal,
> Lillibullero, bullen a la,
> Nous les paierons du fer de la claymore,
> Lero, lero.

(1) Annexis-connexis, dépendances et attenances. — Tr.

(2) C'est-à-dire que Mac Combich se propose d'user de la loi martiale, etc. — Éd.

> Nos créanciers seuls s'en trouveront mal,
> Lillibulero, bullen a la,
> Et vous verrez s'ils réclament encore,
> Lero, lero (1).

Allons, bailli, du courage; videz votre verre avec un cœur joyeux; le baron rentrera dans Tully-Veolan sain et sauf et victorieux. Il réunira la terre du laird Killancureit à la baronnie de Bradwardine; puisque ce poltron, ce porc mal élevé, ne veut pas se déclarer pour le Prince, en vrai gentilhomme.

— A coup sûr ce sont des propriétés bien voisines, répondit le bailli en s'essuyant les yeux : elles devraient naturellement être administrées par le même agent.

— Et moi, mon cher bailli, je prendrai soin de ma personne : il est bon que vous sachiez qu'il me reste à terminer une bonne œuvre que j'ai entreprise; c'est de faire entrer mistress Flockhart dans le giron de l'Église catholique, ou du moins à moitié chemin, c'est-à-dire dans votre assemblée épiscopale. Je voudrais, mon cher baron, que vous eussiez entendu ce matin sa voix de haute-contre, faisant la leçon à Kate et à Matty. Vous qui êtes musicien, vous trembleriez à l'idée de l'entendre crier dans les psalmodies du Trou de Haddow (2).

— Dieu vous pardonne ! comme vous y allez, colonel, répondit mistress Flockhart.... Mais j'espère que vos

---

(1) Variété de notre *tra la la*, etc. — Éd.

(2) L'église cathédrale de Saint-Giles à Édimbourg se partage en quatre divisions, dont l'une s'appelle le Trou de Haddow, parce qu'on prétend que le caveau sur lequel elle est bâtie servit autrefois de cachot à un lord Haddow. — Éd.

hommes prendront le thé avant de se rendre au palais ; je vais le préparer moi-même.

A ces mots, mistress Flockhart sortit, et l'on se doute bien que les convives continuèrent à s'entretenir des événemens prochains de la campagne.

CHAPITRE XLIII.

Le bal.

L'ENSEIGNE Mac-Combich venait de partir pour le camp des montagnards; Macwheeble s'était retiré pour achever, dans quelque cabaret borgne, la digestion de son dîner et de l'annonce de la loi martiale qu'Evan Dhu lui avait faite. Waverley se rendit avec Fergus et le baron au palais de Holy-Rood. Ces deux derniers étaient en joyeuse humeur. Chemin faisant, le baron plaisanta beaucoup notre héros sur les graces séduisantes que lui donnait son nouveau costume.

— Si vous avez des projets sur le cœur de quelque jolie fille écossaise, dit-il, rappelez-vous, je vous prie, en lui faisant votre déclaration, ces vers de Virgile :

Nunc insanus amor duri me Martis in armis
Tela inter media atque adversos detinet hostes;

vers que Robertson de Struan, chef du clan Donnochie

(à moins que les prétentions de Lude ne soient préférées, *primo loco*), a rendus par ce distique élégant :

> « For cruel love has gartan' d low my leg
> » And clad my hurdies in a philabeg (1). »

— Mais vous êtes en pantalon, vêtement que je préfère au philabeg (2), comme plus ancien et plus décent.

— Ou plutôt écoutez ma chanson, dit Fergus :

> Point ne voulut d'un laird être la femme,
> Un lord anglais ne fut pas plus heureux ;
> Mais Duncan Grœme a su toucher son ame,
> Et sous son plaid ils sont partis tous deux.

Cependant ils arrivèrent au palais d'Holy-Rood, et furent introduits et annoncés dans les appartemens.

Il n'est que trop connu combien de gentilshommes distingués par leur rang, par leur fortune et par leur naissance, prirent part à l'entreprise désespérée de 1745. Les dames d'Écosse embrassèrent aussi généralement la cause d'un jeune prince aimable et brave qui venait se jeter dans les bras de ses concitoyens plutôt en héros de roman qu'en politique calculateur. Il n'est donc pas surprenant qu'Édouard, qui avait passé la plus grande partie de sa vie dans la grave solitude de Waverley-Honour, fût séduit, ravi et transporté par le tableau que lui présentaient les antiques salles du palais d'Édim-

---

(1) Nous risquerons en tremblant la traduction de ces deux vers, dignes d'un poète *sans-culotte* :

> « Jusqu'au genou l'amour a mis ma jambe à nu,
> « Et dans un philabeg a renfermé mon c.. »

Éd.

(2) *Kilt*, *philabeg*, le jupon des Highlands. — Éd.

bourg si long-temps désertes. L'ameublement n'avait rien de splendide; cependant, malgré la confusion et la précipitation causée par les circonstances, l'effet général était imposant, et la réunion pouvait s'appeler brillante.

Les yeux du jeune amant découvrirent bientôt l'objet de son affection. Flora Mac-Ivor retournait à sa place, qui était à l'une des extrémités de la salle; elle était accompagnée de Rose Bradwardine. Dans un cercle où il ne manquait pas de beautés élégantes, elles avaient attiré autour d'elles un grand nombre d'admirateurs, étant certainement du nombre des plus jolies femmes du bal. Le Prince s'occupa beaucoup d'elles, surtout de Flora, avec qui il dansa, sans doute parce qu'elle avait été élevée sur le continent et qu'elle parlait très-bien le français et l'italien.

Fergus profita d'un moment de calme, à la fin de la contre-danse, pour s'approcher de miss Mac-Ivor; Waverley le suivit comme par instinct. L'espérance, qu'il n'avait cessé de nourrir au fond de son cœur, sembla l'abandonner à l'aspect de l'objet de tous ses désirs; et, comme un homme qui cherche à se rappeler les images d'un rêve, il aurait donné tout au monde pour retrouver en ce moment les motifs d'une illusion qui s'évanouissait ainsi tout à coup. Il suivait Fergus la tête baissée, dans l'attitude d'un criminel qu'on mène au supplice, et qui, traversant à pas lents la foule attirée par la curiosité, ne peut s'expliquer ni le bruit qui frappe ses oreilles, ni le tumulte sur lequel il promène des yeux égarés.

Flora parut un peu, très-peu, émue et troublée à l'approche de Waverley.

— Ma sœur, dit Fergus, je vous présente un fils adoptif d'Ivor.

— Et je le reçois comme un *second frère*, répondit Flora.

Il y avait, dans le ton dont elle prononça ce dernier mot, une affectation si légère, qu'elle aurait échappé à tout autre qu'à celui que la fièvre de la crainte dévorait. C'était cependant un accent si marqué et si bien d'accord avec ses regards et ses manières, qu'elle voulait dire évidemment : Je ne penserai jamais à M. Waverley avec d'autres sentimens que ceux de l'amitié. Édouard s'arrêta, tremblant, déconcerté, et se tourna vers son ami : celui-ci se mordit les lèvres avec un air de dépit qui prouvait que lui aussi il interprétait défavorablement l'accueil que faisait sa sœur à son ami. — Voilà donc la fin de mon rêve! Ce fut la première pensée de Waverley; pensée qui l'affecta si douloureusement, que les couleurs abandonnèrent ses joues.

— Ah! grand Dieu! s'écria miss Rose, il n'est pas encore rétabli!

Elle prononça avec émotion ces mots, qui parvinrent jusqu'à l'oreille du Chevalier lui-même. Il s'approcha avec empressement de Waverley, le prit par la main, et lui dit qu'il désirait lui parler en particulier. Édouard fit un effort que les circonstances rendaient indispensable, et reprit assez de forces pour suivre le Chevalier dans un coin retiré de l'appartement.

Là le Prince le retint quelque temps, lui faisant diverses questions sur les grandes familles Torys et catholiques d'Angleterre, sur leurs alliances, leur crédit, et leur attachement pour la maison de Stuart. Waverley n'eût pu répondre dans aucun temps à ces questions que d'une manière générale, et l'on s'attend bien que, dans le trouble actuel de son esprit, ses réponses furent aussi vagues qu'obscures. Ses réponses, quelquefois contradictoires, firent sourire le Chevalier; cependant il continua la conversation, dont il fit presque seul les frais, jusqu'à ce qu'Édouard eût recouvré sa présence d'esprit. Il est probable que le Prince n'avait recherché cette entrevue particulière que pour confirmer le bruit qu'il avait fait circuler parmi ses partisans, que Waverley était un personnage d'une véritable influence politique; cependant, on pourrait conclure des dernières expressions dont il se servit, qu'on devait attribuer plutôt cette longue conférence à un motif de bienveillance et d'intérêt pour notre héros.

— Je ne puis, dit-il, résister à la tentation de vous faire connaître que je suis tout fier d'être le confident d'une belle dame... Je sais tout..., et je vous assure que je prends le plus vif intérêt à la conclusion de cette affaire. Tâchez, je vous en prie, tâchez de vous maîtriser : il y a dans cette salle des yeux aussi clairvoyans que les miens ; mais je ne puis répondre que toutes les langues aient la même discrétion.

A ces mots, il se détourna d'un air d'aisance, alla joindre un groupe d'officiers supérieurs à quelques pas de là, et laissa Waverley occupé à réfléchir sur ses dernières paroles. Si elles n'étaient pas tout-à-fait intelligibles pour lui, elles suffisaient pour lui faire comprendre la nécessité de la prudence qui lui était recommandée. Faisant un effort pour se rendre digne de l'estime que son nouveau prince venait de lui témoigner, en obéissant à ses instructions, il s'approcha de la place où Flora et miss Rose étaient assises ; il présenta ses complimens à cette dernière, et réussit au-delà de son attente à être à même d'entrer en conversation sur des matières indifférentes.

Mon cher lecteur, s'il vous est jamais arrivé de prendre des chevaux de relais à — ou à — (vous pourrez remplir ces deux blancs peut-être en y mettant le nom des deux auberges (1) les plus proches de votre demeure), vous devez vous rappeler avec quelle répugnance douloureuse les pauvres bêtes offrent leurs cous écorchés au collier du harnois; mais lorsque l'argument irrésistible des postillons les a forcées de courir un mille ou deux, elles finissent par s'endurcir contre leur première sensation, et « s'échauffant sous les harnois, » comme dirait le postillon lui-même, elles continuent comme si leurs garrots n'étaient plus meurtris. Cette comparaison peint si bien l'état de Waverley dans cette soirée mémorable, que je la préfère (d'autant plus qu'elle est, j'espère, tout-à-fait originale) à toutes les comparaisons plus brillantes que pourrait me fournir l'*Art de la poésie* de Byshes (2).

Tout effort de courage est sa propre récompense, comme la vertu; et notre héros avait d'ailleurs d'autres motifs pour persévérer dans une affectation d'indifférence, en retour de la froideur évidente de Flora. L'orgueil vint à son secours, en appliquant sur les blessures de son cœur ses caustiques douloureux, mais salutaires. Distingué par la faveur du Prince, destiné, comme il pouvait l'espérer, à jouer un rôle brillant dans une

(1) Ce sont des aubergistes, en général, qui sont patentés (*licensed*) pour louer des chevaux de poste dans la Grande-Bretagne. — Éd.

(2) *Byshe's art of poetry*. Ancien livre de collège qui a eu de nombreuses éditions. — Éd.

révolution où il s'agissait de la conquête d'un puissant royaume; supérieur, par son instruction, et égal au moins par ses autres qualités personnelles à la plupart des nobles personnages parmi lesquels il prenait rang; jeune, riche, d'une haute naissance, pouvait-il se laisser abattre par le regard dédaigneux d'une beauté capricieuse?

> Nymphe! quelle que soit ta froide indifférence,
> Mon cœur saura s'armer d'une égale fierté!

Les sentimens renfermés dans ces deux vers, qui n'étaient pas encore écrits alors, déterminèrent Waverley à faire tous ses efforts pour que Flora sentît qu'il n'était pas homme à se laisser accabler par un refus, d'autant plus que sa vanité lui représentait tout bas qu'elle y perdait autant que lui. Pour favoriser ce changement de plan, il se disait encore, avec une espérance secrète, que Flora pourrait bien mettre plus de prix à son cœur quand elle ne croirait plus être tout-à-fait la maîtresse d'en disposer. Il y avait aussi un ton d'encouragement dans les dernières paroles du Chevalier, quoiqu'il craignît qu'il n'eût seulement fait allusion aux désirs particuliers de Fergus. Peu à peu, le temps, le lieu, et le hasard, concoururent à exciter son imagination, et il prit sur lui de déployer une fermeté mâle de caractère, laissant le reste au destin. D'ailleurs, s'il paraissait seul triste et désespéré à la veille d'une bataille, quelles armes il fournirait à la médisance, qui s'était déjà trop exercée contre sa réputation! — Non, non, se dit-il, jamais je ne donnerai ici occasion à mes ennemis, quels qu'ils soient, d'avoir un tel avantage contre moi.

Plein de ces idées, et encouragé encore de temps à autre par un sourire du Prince, Waverley déploya toute sa vivacité, son imagination et son éloquence naturelle, et s'attira les suffrages universels par le rôle qu'il joua dans la conversation, qui roula peu à peu sur les sujets les plus propres à faire briller ses talens et son instruction. La gaieté de la soirée était plutôt entretenue que troublée par l'approche du péril du lendemain; tous les esprits voyaient en beau l'avenir, et jouissaient du présent. Cette disposition de l'ame est surtout favorable à l'exercice de l'imagination, à la poésie, et à cette éloquence qui est alliée si intimement à la poésie. Édouard, comme nous l'avons fait observer ailleurs, avait parfois une véritable facilité d'élocution. Dans cette soirée, il émut plus d'une fois les cœurs, et puis excita de nouveau le rire par une originale gaieté : il était soutenu et enhardi par la disposition générale, avons-nous dit; car les plus froids se laissèrent entraîner comme lui à l'impulsion du moment. Plusieurs dames refusèrent de danser, et, sous divers prétextes, trouvèrent le moyen de s'approcher du groupe qu'on formait autour — « du charmant Anglais. » Il fut présenté à plusieurs d'entre elles de la plus haute distinction; on aurait dit qu'il avait passé toute sa vie dans les salons de la capitale, tant il montra d'aisance dans toutes ses manières, et de présence d'esprit pour saisir l'à-propos; tant il sut bien s'affranchir de sa mauvaise honte habituelle.

Flora Mac-Ivor paraissait être la seule femme présente qui ne partageât pas l'enthousiasme général. Elle garda constamment le même ton de réserve et de froideur; cependant elle ne put cacher sa surprise en découvrant des talens qu'elle n'avait pas encore vus si brillans dans ses entretiens précédens avec Édouard. Je n'oserais assurer qu'intérieurement elle n'éprouvât pas quelque regret d'avoir été si prompte à rejeter les vœux d'un amant qui paraissait destiné à occuper un rang élevé dans le monde. Elle avait toujours mis au nombre des imperfections d'Édouard sa *mauvaise honte;* comme elle avait été élevée dans les cercles d'une cour étrangère, et qu'elle n'avait aucune idée de la réserve des Anglais, elle y attachait l'idée d'une faiblesse timide d'esprit et de caractère; mais si elle regretta que Waverley ne se fût pas toujours montré à elle si attrayant et si aimable, ce ne fut qu'un moment; car tout ce qui était survenu depuis qu'ils s'étaient vus devait, selon elle, rendre ses derniers refus irrévocables.

Avec des sentimens bien différens de ceux de son amie, Rose Bradwardine écoutait de toute son ame. Elle éprouvait un triomphe secret de l'hommage public rendu à celui dont elle n'avait apprécié le mérite que trop tôt et trop tendrement. Sans le moindre mouvement de jalousie, d'inquiétude ou de crainte, elle se laissait aller au plaisir d'observer l'approbation générale. Quand Waverley parlait, elle n'entendait que sa voix; quand d'autres répondaient, ses yeux se fixaient encore sur lui comme pour épier sa réponse. Peut-être dans cette soirée si courte et suivie de tant de chagrins, Rose goûta-t-elle le plaisir le plus pur et le plus désintéressé que le cœur puisse connaître.

— Baron, dit le Prince, je ne voudrais pas confier ma maîtresse à votre jeune ami : quoiqu'un peu romanesque, il est vraiment un des jeunes gens les plus séduisans que j'aie vus.

— Sur mon honneur, répondit le baron, il est quelquefois plus sérieux qu'un sexagénaire comme moi. Si Votre Altesse Royale l'avait vu à Tully-Veolan, se promener en rêvant comme un hypocondriaque, ou comme atteint d'une frénésie léthargique, comme l'appelle Burton dans son *Anatomie de la mélancolie* (1), vous ne pourriez concevoir comment, en si peu de temps, il a pu acquérir cet enjouement et cette vivacité.

— En vérité, dit Fergus, je pense que c'est l'inspiration du tartan; quoique Waverley m'ait toujours paru plein d'honneur et de bon sens, je l'ai trouvé quelquefois rêveur et distrait.

— Nous ne lui avons que plus d'obligation, dit le Prince, de nous avoir réservé pour ce soir des qualités qu'il avait cachées à ses amis intimes..... Mais il se fait tard, nous avons besoin de faire nos préparatifs pour la journée de demain; que chacun s'occupe de sa belle partenaire, et honorez de votre compagnie un léger rafraîchissement que je vous offre.

La société passa, à la suite du Prince, dans d'autres appartemens. Au bout d'un long rang de tables, on avait préparé un dais sous lequel était placé le fauteuil du Chevalier, dont l'air de courtoisie et de dignité était conforme à sa naissance et à sa noble ambition. Une heure s'était à peine écoulée, lorsque les musiciens firent entendre ce signal du départ, si connu en Écosse :

Good night and joy be with you, etc. (2).

— Bonne nuit donc, et la joie soit avec vous ; dit le

---

(1) *The anatomy of melancoly*. Robert Burton, auteur de cet ouvrage érudit et original, auquel Swift et Sterne empruntèrent quelques traits heureux, était surnommé Démocrite le jeune. C'était un titre qu'il se donnait lui-même ; et, comme dit son épitaphe, la mélancolie lui donna la vie (*la célébrité*) et la mort.—Éd.

(2) Bonne nuit se dit souvent dans le sens d'*adieu*. Nous avons cru devoir citer le texte même de ce début d'un chant national. — Tr.

Chevalier ; bonne nuit, belles dames qui avez bien voulu faire tant d'honneur à un prince proscrit et exilé. — Bonne nuit, mes braves amis! Puisse le bonheur que nous avons goûté dans cette heureuse soirée, être le présage que nous reviendrons bientôt victorieux et triomphans dans le palais d'Holy-Rood pour y goûter de nouveaux plaisirs.

Lorsque, dans la suite, le baron de Bradwardine faisait mention des tendres adieux que leur avait faits le Prince en cette occasion, il ne manquait jamais de répéter d'une voix mélancolique :

Audiit, et voti Phœbus succedere partem
Mente dedit ; partem volucres dispersit in auras;

vers, disait-il, fort bien rendus en anglais par mon ami Bangour ;

Ae half the prayer wi' Phebus grace did find
The t' other half he whistled down the wind (1).

(1) Phébus l'entendit, et résolut de n'exaucer qu'une moitié de sa prière; il siffla l'autre moitié, qui se confondit avec les sifflemens du vent. — Ed.

CHAPITRE XLIV.

La marche.

Les passions tumultueuses, et les divers sentimens dont notre héros était agité, ne lui permirent de s'endormir que fort tard; mais il tomba dans un sommeil très-profond. Ses rêves le transportèrent à Glennaquoich : c'était dans le château de Ian Nan-Chaistel qu'il croyait assister à la brillante fête qui venait d'avoir lieu à Holy-Rood ; il entendait distinctement le son d'un pibroc, et ceci du moins n'était pas une illusion ; car — « le principal joueur de cornemuse du clan Mac-Ivor foulait d'un pas fier le pavé de la cour devant la porte du logement de son chef ; » et, comme le remarqua mistress Flockhart, qui sans doute goûtait peu sa musique, « il ébranlait les pierres des murailles avec ses sons criards. »

Enfin, ce son devint assez fort pour dissiper le songe de Waverley, auquel il s'était d'abord mêlé avec harmonie.

Le bruit des brogues de Callum (aux soins de qui Fergus l'avait confié de nouveau) fut un second signal de départ.

— Votre Honneur, lui dit-il, ne veut-il pas se lever? Vich Ian Vohr et le Prince sont partis pour le long glen verd derrière le Clashan (1), ce qu'ils appellent le Parc du roi; et il y a beaucoup de gens debout sur leurs jambes ce matin, qui seront portés avant la nuit sur les jambes des autres.

Waverley se leva aussitôt : avec l'assistance et les instructions de Callum, il ajusta ses tartans d'une manière convenable. Callum lui dit que son *dorlach* (2) de cuir, avec la serrure, était arrivé de Doune et avait été remis de nouveau sur les chariots avec les bagages de Vich Ian Vohr.

Cette périphrase fit comprendre à Waverley qu'on avait rapporté son porte-manteau. Il pensa de suite au paquet mystérieux de la fille de la caverne; mais ce n'était pas le moment de satisfaire sa curiosité. Il refusa l'offre que lui fit mistress Flockhart de boire la goutte du matin, étant probablement le seul homme de l'armée du Chevalier capable de n'être pas tenté par cette proposition courtoise; lui ayant fait ses adieux, il partit avec Callum.

— Callum, dit-il en descendant une allée sale du

(1) Clashan ou clauchaune : c'est le nom que les Highlanders donnent aux villages et bourgs situés sur les frontières des Highlands. Callum ne voit dans Édimbourg qu'un grand *clashan*.—Éd.

(2) En écossais valise, porte-manteau. — Éd.

côté de Canongate (1), où prendrai-je un cheval?

— Eh! à quoi diable pensez-vous? Vich Ian Vohr (pour ne pas citer le Prince qui en fait autant) marche à pied à la tête de sa troupe; voulez-vous faire autrement que lui?

— Non, non, Callum; donnez-moi mon bouclier, arrangez-le bien.... Comment me trouvez-vous maintenant?

— Vous ressemblez au brave montagnard qu'on a peint sur l'enseigne de la grande auberge de la mère Middlemass?

Callum croyait faire un beau compliment; car il regardait cette enseigne de la mère Middlemass comme un chef-d'œuvre de peinture; mais Waverley, qui ne sentit pas toute la force de cette comparaison, ne fut plus d'humeur de le questionner.

Arrivé en plein air, au sortir des sales faubourgs de la métropole d'Écosse, Waverley se sentit plus dispos et plus alerte; il réfléchit avec sang-froid aux événemens de la veille, et avec espoir et courage à ceux de cette journée.

Quand il eut gravi une petite éminence rocailleuse qu'on appelle la colline de Saint-Léonard, il découvrit un tableau singulier et animé dans le Parc royal, ou ce vallon qui se trouve entre l'Arthur's-Seat et les éminences sur lesquelles Édimbourg est bâti aujourd'hui, du côté du midi. Là était l'armée des Highlanders qui se préparait à se mettre en marche. Waverley avait déjà vu un spectacle de ce genre à la grande chasse où il avait accompagné Fergus Mac-Ivor; mais c'était sur une échelle bien plus petite. Le coup d'œil dont il jouissait en ce moment était incomparablement plus

(1) Quartier de la vieille ville. — Éd.

intéressant. Les rochers qui formaient l'arrière-plan du tableau, et le ciel azuré lui-même, retentissaient du concert des joueurs de cornemuse, appelant chacun par un pibroc particulier leurs chefs et leurs clans. Les montagnards n'avaient eu d'autre couche que la voûte céleste ; ils se levaient en ce moment avec le murmure et le mouvement d'une multitude irrégulière, comme un essaim d'abeilles alarmées dans leur ruche, et s'agitant pour combattre. Tous les mouvemens de ces hommes semblaient spontanés et confus, mais le résultat en était l'ordre et la régularité. Un général eût été satisfait de la conclusion ; mais un instructeur n'eût pas manqué de trouver ridicule cet ordre né du désordre.

L'espèce de tumulte qui provenait de la précipitation avec laquelle les divers clans se rangeaient sous leurs bannières respectives avant de se mettre en marche, était lui-même un spectacle plein de vie et amusant. Ils n'avaient point de tentes à enlever, car la plupart, par choix, avaient dormi sur la terre, quoique l'automne fût déjà avancé et que les nuits commençassent à être froides (1). Ils passèrent quelque temps à se former en bataille ; et puis il y eut un mouvement confus de tartans flottans, de panaches et de bannières déployées qui étalaient l'une le mot d'ordre des Clanronald : *Ganion Coheriga !* (nous contredise qui l'osera !) l'autre celui du marquis de Tullibardine : *Loch-Sloy-Forth, fortune, and fill the fetters* (2) ; une troisième celle du lord Lewis Gordon : *Bydand* (3). Tous les autres clans avaient aussi leurs devises et leurs emblèmes.

(1) On était au 20 septembre. — Éd.
(2) Loch-Sloy, Forth, fortune et remplis les fers. — Tr.
(3) Promptement. — Trad.

Enfin cette multitude agitée se réunit en une colonne sombre et compacte, qui s'appuya aux deux extrémités du vallon. Le drapeau du Chevalier était au centre ; on y remarquait une croix sur un fond blanc, avec cette devise : *Tandem triumphans* (enfin triomphante).

La cavalerie peu nombreuse, composée de quelques gentilshommes des Lowlands, de leurs domestiques et de leurs paysans, formait l'avant-garde. Leurs étendards, trop multipliés en proportion de leur nombre, se déployaient à l'extrême limite de l'horizon ; plusieurs membres de ce corps, parmi lesquels Waverley distingua par hasard Balmawhapple et son lieutenant Jinker (qui, d'après l'ordre du baron, était descendu avec plusieurs autres au rang de ceux qu'il appelait *officiers réformés*), s'ils ne contribuaient pas à la régularité de la marche, ajoutaient du moins à ce qu'il y avait de pittoresque dans le tableau, en accourant au grand galop, autant que la foule pouvait le permettre, pour aller retrouver leurs rangs. Les enchantemens des Circés de High-Street, et leurs libations prolongées bien avant dans la nuit, ne les avaient sans doute pas laissé se rendre à leur poste plus matin. Les plus prudens de ces traînards firent un détour et suivirent la grande route pour rejoindre plus tôt leurs corps, en se tenant à quelque distance de l'infanterie, mais aux dépens des clôtures qu'ils franchissaient ou auxquelles ils faisaient brèche. L'apparition et la disparition soudaine de ces petits détachemens épars, la confusion occasionée par ceux qui cherchaient, mais inutilement pour la plupart, à s'ouvrir un passage à travers les rangs des Highlanders malgré leurs juremens, leurs malédictions et leur résistance, ajoutaient à la singularité pittoresque de cette grande scène ce qu'elle lui ôtait en régularité militaire.

Pendant que Waverley contemplait ce spectacle rendu plus remarquable encore par le canon que la garnison du château tirait de temps en temps sur les vedettes des Highlanders qui abandonnaient les postes les plus voisins pour rejoindre leur corps principal, Callum Beg, avec sa liberté ordinaire, lui rappela que le clan de Vich Ian Vohr était presque en tête de la colonne, déjà assez loin, et qu'il irait encore plus vite lorsque le canon aurait donné le signal du départ. Ainsi averti, Waverley se mit aussitôt en marche d'un pas alerte, jetant cependant de temps en temps les yeux sur les sombres masses de guerriers qui le précédaient. L'armée, vue de plus près, offrait un aspect moins imposant que d'une plus grande distance. Les premiers de chaque clan étaient munis de claymores, de targes et de fusils, et la plupart de pistolets. Tous avaient de plus le dirk; mais c'étaient les gentilshommes, c'est-à-dire les parens des chefs, n'importe à quel degré, et ceux qui avaient un titre immédiat à leur appui et à leur protection. On aurait eu de la peine à choisir dans aucune armée de la chrétienté des hommes plus beaux et plus courageux. Leurs habitudes d'indépendance et de liberté, que chacun d'eux savait bien toutefois subordonner aux ordres de son chef, et le mode particulier de discipline des Highlanders, les rendaient également formidables par leur bravoure individuelle et par leur conviction raisonnée de la nécessité d'agir tous d'accord pour donner à leur genre d'attaque national toutes les chances possibles de succès.

Mais dans un rang au-dessous se trouvaient des individus d'un ordre inférieur, les paysans du sol, qui néanmoins ne permettaient pas qu'on leur donnât cette dénomination. Mais quoiqu'ils prétendissent même souvent, avec quelque apparence de vérité, être d'une origine plus ancienne que les maîtres qu'ils servaient, ils portaient cependant la livrée de l'extrême indigence, mal équipés, plus mal armés, à demi nus, mal conformés dans leur taille, et d'un aspect misérable. Chaque clan puissant avait quelques-uns de ces ilotes à sa suite ; — ainsi les Mac-Couls, quoiqu'ils fissent remonter leur origine jusqu'à Comhal, père de Finn ou Fingal, étaient une sorte de Gabaonites ou serviteurs héréditaires pour les Stuarts d'Appine. Les Macbeaths, descendans du malheureux roi de ce nom, étaient les sujets des Morays et du clan Donnochie, ou des Robertsons d'Athole...... Je pourrais en donner d'autres exemples, mais je craindrais d'offenser l'orgueil de quelque clan existant encore, et d'exciter une tempête des Highlands dans la boutique de mon libraire-éditeur.

Or ces *ilotes*, obligés de prendre les armes pour obéir aux ordres arbitraires de leurs chefs pour qui ils allaient couper le bois et chercher l'eau, étaient en général mal nourris, mal habillés, et plus mal armés encore. Cette dernière circonstance avait, il est vrai, pour cause principale le désarmement général ordonné par le gouvernement, et qui avait été exécuté ostensiblement dans tous les Highlands, quoique la plupart des chefs eussent pris tous les moyens possibles pour éluder cette mesure en retenant les armes des principaux hommes de leur clan et ne livrant que celles de ces satellites inférieurs ; il en résultait donc que le plus grand nombre de ces pauvres diables, comme nous l'avons déjà dit, étaient conduits au combat dans une condition très-misérable.

Aussi, tandis que les premiers rangs d'un clan étaient composés d'hommes d'une admirable tenue, soit pour les armes, soit pour l'habillement, le reste ressemblait à de véritables bandits. L'un était armé d'une hache ou d'une épée sans fourreau, l'autre d'un fusil sans batterie ou d'une faucille au bout d'une perche, quelques-uns n'avaient que leurs *dirks* ou dagues, et des bâtons ou des pieux arrachés aux haies. L'air sauvage de ces hommes, leur barbe et leurs cheveux négligés les rendaient un objet de terreur autant que de surprise pour les habitans des Lowlands. A cette époque on connaissait si peu la situation des Highlands, que l'aspect et le caractère de cette population d'aventuriers en armes excitaient autant d'étonnement parmi les habitans plus méridionaux de l'Écosse, que l'aurait fait l'invasion de Nègres africains ou d'Esquimaux sortis des montagnes septentrionales de leur propre pays. Waverley lui-même ne connaissait guère les Highlanders que d'une manière générale, et d'après les échantillons que lui en avait montrés de temps en temps le politique Fergus. Il ne put donc penser sans un certain découragement à l'audacieuse entreprise d'une troupe qui, comptant à peine quatre mille hommes dont la moitié tout au plus était armée, espérait changer les destinées et renouveler la dynastie des royaumes britanniques. Il marchait le long de la colonne encore stationnaire lorsqu'un canon de fer, le seul que possédât l'armée qui méditait une révolution si importante, donna le signal de la marche. Le Chevalier avait témoigné le désir qu'on abandonnât cette inutile pièce de campagne; mais, à sa surprise, les chefs des clans le prièrent avec instance de leur permettre de l'emmener, alléguant que leurs montagnards, peu accoutumés à l'artillerie, attachaient par superstition une importance absurde à cette pièce de campagne, et qu'ils étaient persuadés qu'elle contribuerait essentiellement à une victoire qu'ils ne pouvaient devoir qu'à leurs mousquets et à leurs claymores. Elle fut donc confiée à deux ou trois artilleurs français, et tirée par des poneys des montagnes; mais on ne s'en servit que pour les signaux.

A peine eut-on entendu ce canon, que toute la ligne s'ébranla. De ces bataillons en marche partit un sauvage cri de joie qui fendit les airs et se perdit dans les accens aigus des cornemuses, comme bientôt cette musique elle-même fut en grande partie étouffée par le bruit de la marche pesante de tant d'hommes mis en mouvement. Les bannières flottèrent et brillèrent, les cavaliers se hâtèrent d'aller se poster à l'avant-garde, ou se détachèrent en vedettes pour reconnaître l'ennemi; ils disparurent aux yeux de Waverley lorsqu'ils tournèrent autour de la base d'Arthur's-Seat, sous l'amphithéâtre remarquable des roches basaltiques qui s'élevaient au devant du petit lac de Duddingston.

L'infanterie s'avança dans la même direction, réglant sa marche sur celle d'un autre corps qui suivait une route plus au sud. Waverley fut obligé d'accélérer le pas pour atteindre l'endroit de la ligne de bataille qu'occupaient Vich Ian Vohr et ses partisans.

CHAPITRE XLV.

Un incident fait naître de tardives et inutiles réflexions.

Lorsque Waverley atteignit cette partie de la colonne qu'occupait leur clan, les enfans de Mac-Ivor firent halte, se formèrent en bataillon, et le reçurent au son triomphant des cornemuses et avec des acclamations générales. Plusieurs d'entre eux le connaissaient personnellement, et ils étaient charmés de le voir porter le costume de leur pays et de leur clan. — Vous criez, dit à Mac-Combich un Highlander d'un clan voisin, vous criez comme si c'était votre chef qui se mît à votre tête.

— *Mar e Bran is e a brathair*, si ce n'est pas Bran c'est le frère de Bran, répondit Mac-Combich par une expression proverbiale.

— Oh! alors c'est le beau Duinhé Wassal Saxon qui doit épouser lady Flora!

— Il peut se faire que cela soit, comme il peut se faire que ce ne soit pas, et cela ne nous regarde ni vous ni moi, Gregor.

Fergus s'avança pour embrasser le volontaire et lui faire un accueil affectueux; mais il crut nécessaire de lui donner les raisons de la diminution de son bataillon, qui comptait à peine trois cents hommes. — Il en avait envoyé plusieurs en détachement, dit-il. Le fait était que la défection de Donald Bean Lean l'avait privé de plus de trente braves soldats, sur les services desquels il avait compté. Plusieurs de ses partisans d'adoption avaient été obligés de rejoindre les drapeaux des divers chefs auxquels ils devaient leur allégeance. Le chef de la branche rivale de celle d'Ivor avait aussi fait l'appel de ses hommes, quoiqu'il ne se fût pas encore déclaré ni pour le Chevalier ni pour le gouvernement, et par ses intrigues il avait considérablement diminué les forces de Fergus. En dédommagement de ces contrariétés, il était généralement reconnu que les hommes de Vich Ian Vohr, en fait de tenue, d'équipement, d'armes et de manœuvre, pouvaient être comparés aux meilleures troupes qui suivaient les étendards de Charles-Édouard. Le vieux Ballenkeiroch leur servait de major; il se joignit aux autres officiers qui avaient connu Waverley à Glennaquoich, pour faire une réception cordiale à celui qui venait partager leurs dangers et leur gloire future.

Au sortir du village de Duddingston, l'armée des Highlanders suivit pendant quelque temps la grande route qui conduit d'Édimbourg à la ville d'Haddington. Après avoir traversé la petite rivière d'Esk à Musselburgh, elle quitta les plaines qui se terminent à la mer, et fit un mouvement vers la droite pour occuper l'éminence de Carberry-Hill, fameuse déjà dans l'histoire d'Écosse comme le lieu où l'infortunée Marie se mit à la discrétion de ses sujets révoltés. On prit cette direction, parce que le Chevalier venait d'être informé que l'armée du gouvernement avait bivouaqué la nuit dernière à l'ouest d'Haddington, dans le dessein de se porter à marches forcées sur Édimbourg, en côtoyant la mer. En s'emparant des hauteurs, qui dans plusieurs endroits dominaient la route, les montagnards pouvaient espérer de trouver l'occasion d'attaquer avec avantage. En conséquence, ils occupèrent le revers de Carberry-Hill pour y reprendre haleine, et parce que de cette position centrale ils pouvaient se porter avec promptitude et facilité sur les flancs des Anglais, suivant qu'ils le jugeraient convenable. Ce fut là qu'un messager vint avertir Mac-Ivor que le Prince l'attendait; il ajouta que les avant-postes avaient rencontré l'ennemi, qu'il y avait eu une escarmouche, et que le baron de Bradwardine avait envoyé quelques prisonniers.

Waverley sortant des rangs pour satisfaire sa curiosité, aperçut bientôt cinq ou six dragons couverts de poussière et galopant à toute bride, qui étaient venus donner avis que l'armée du gouvernement était en pleine marche vers l'ouest le long de la mer. En s'avançant un peu plus loin, son oreille fut frappée par des accens plaintifs. En s'approchant, il entendit une voix qui, interrompue par la douleur, cherchait à répéter la prière du Seigneur dans le dialecte de son pays natal. La voix du malheur trouvait toujours une prompte réponse dans le cœur de notre héros; il entra sans hésiter dans une hutte d'où partaient les gémissemens : à travers l'obscurité il put à peine distinguer une espèce de paquet rouge.

Ceux qui venaient de dépouiller le blessé de ses armes et d'une partie de son équipage, lui avaient laissé son manteau de dragon dans lequel il était enveloppé.

— Au nom du ciel, dit le blessé en entendant les pas de Waverley, daignez me donner une goutte d'eau.

—Vous allez l'avoir, lui répondit Waverley le relevant dans ses bras et le portant vers l'entrée de la hutte : buvez, lui dit-il en approchant sa gourde de ses lèvres.

—Il me semble que je connais cette voix, dit le malheureux. Il promena ses regards étonnés sur l'habillement d'Édouard, et dit douloureusement : Non, ce n'est pas le jeune Squire.

C'est ainsi qu'on désignait habituellement Édouard dans les domaines de Waverley-Honour. La voix qu'il venait d'entendre le fit tressaillir, et réveilla dans son cœur mille sentimens pénibles qu'avaient déjà fait naître en partie les accens bien connus de son pays natal.

—Houghton, dit-il en contemplant ses traits déjà défigurés par la mort! mon cher Houghton, est-ce vous que je vois?

—Ah! je n'espérais pas avoir la consolation, avant de mourir, d'entendre encore une voix anglaise. Ils m'ont jeté mourant ici, parce que je n'ai pu leur dire quelle était la force de notre régiment... Mais, hélas! Squire, pourquoi nous avez-vous quittés pendant si long-temps? pourquoi nous avez-vous laissés tomber dans les pièges de ce démon de l'enfer, de ce Ruffin?... nous vous eussions suivi à travers le sang et le feu.

—Ruffin! Je vous assure, Houghton, qu'il vous a trompés d'une manière abominable.

— Je l'ai pensé bien des fois, quoiqu'il nous montrât votre cachet... mais Timms a été fusillé et moi dégradé.

— Ne vous épuisez point à parler ; je vais vous chercher un chirurgien.

Mac-Ivor revenait en ce moment de la tête de la colonne, où l'on avait tenu conseil de guerre, et il courut à Waverley. — Bonne nouvelle! s'écria-t-il; dans moins de deux heures nous en viendrons aux mains. Le prince s'est mis à la tête de l'armée. — Amis, nous a-t-il dit en tirant son épée, je jette le fourreau. Venez, Waverley, nous partons.

— Un moment, je vous prie, un moment; ce pauvre prisonnier est mourant; où pourrai-je trouver un chirurgien?

— Ma foi, je n'en sais rien ; vous savez bien que nous n'avons que deux ou trois Français qui ne sont autre chose, je crois, que des *garçons apothicaires*.

— Mais ce blessé va perdre tout son sang!

— Pauvre malheureux ! ce sera avant ce soir le sort de mille autres ; venez.

— Je ne le puis : c'est le fils d'un des fermiers de mon oncle.

— Si c'est un des vôtres, il faut en avoir soin ; je vais vous envoyer Callum Beg, mais *Diaoul*, — *Ceade millia molligheart*. A quoi diable a pensé le baron de venir nous encombrer de prisonniers mourans!

Callum accourut avec sa vitesse ordinaire. L'inquiétude de Waverley pour le blessé lui fut favorable, loin de lui nuire, dans l'esprit des montagnards; ils n'auraient pas compris le sentiment de philantropie générale qui lui aurait fait donner les mêmes soins à n'importe quel homme dans cette cruelle situation; mais lorsqu'ils apprirent que le mourant était un homme de son *follo-*

wing (1), ils s'écrièrent avec transport qu'il était un bon chef, et méritait d'être aimé. Un quart d'heure s'était à peine écoulé que le pauvre Humphry expira en suppliant son jeune maître d'avoir soin de Job Hough son père, et de sa mère, quand il serait de retour à Waverley-Honour, et le conjurant de ne pas se battre avec ces gens en jupon contre la vieille Angleterre.

Quand il eut rendu le dernier soupir, Waverley, qui avait été témoin pour la première fois de l'agonie d'un mourant, et en avait éprouvé un sincère chagrin avec une espèce de remords, ordonna à Callum de porter le cadavre dans la hutte. Celui-ci s'empressa d'obéir, et n'oublia pas de fouiller dans toutes les poches; mais il fit l'observation qu'on les avait soigneusement *épongées*. Il s'empara cependant du manteau, et, semblable à l'épagneul prévoyant qui veut cacher un os, il plaça sa capture dans un buisson, qu'il marqua avec le plus grand soin, afin de le retrouver s'il repassait par là, et d'en faire un excellent rokelay pour sa vieille mère Elspat.

Waverley et lui eurent besoin de se hâter pour reprendre leur rang dans la colonne, qui s'avançait rapidement pour occuper les hauteurs du village de Tranent où l'armée ennemie était forcée de passer entre la mer et le village.

La triste entrevue que Waverley venait d'avoir avec son brigadier remplit son esprit des réflexions tardives et pénibles. Il voyait clairement, d'après les aveux de ce pauvre garçon, que la conduite du colonel G— était juste, indispensable même, puisqu'on avait fait usage de

---

(1) *Following*, de sa suite, de son clan. — Éd.

son nom pour exciter les soldats à la désertion. Se rappelant qu'il avait perdu son cachet dans la caverne de Bean Lean, il ne douta pas que cet homme artificieux ne s'en fût servi comme d'un moyen propre à produire un mouvement dans son régiment, dans l'espoir d'en tirer un bon parti. Il ne douta plus que le paquet de lettres que la fille de Donald avait placé dans son porte-manteau pourrait jeter quelque jour sur ce mystère. L'exclamation: « *Ah! Squire, pourquoi nous avez-vous* abandonnés? » retentissait sans cesse à ses oreilles.

— Oui, dit-il, ma conduite en effet fut imprudente et cruelle. Je vous ai fait quitter le toit paternel; je vous ai privés de la protection d'un seigneur sensible et généreux pour vous mettre sous le joug de la discipline militaire, dont je devais partager le poids, tandis que j'ai trahi mes devoirs. O indolence et indécision fatales! si vous n'êtes pas de véritables vices, à quels maux funestes vous nous livrez!

FIN DU TOME SECOND DE WAVERLEY.

ŒUVRES COMPLÈTES
DE
SIR WALTER SCOTT.

Cette édition sera précédée d'une notice historique et littéraire sur l'auteur et ses écrits. Elle formera soixante-douze volumes in-dix-huit, imprimés en caractères neufs de la fonderie de Firmin Didot, sur papier jésus vélin superfin satiné; ornés de 72 *gravures en taille-douce* d'après les dessins d'Alex. Desenne; de 72 *vues* ou *vignettes* d'après les dessins de Finden, Heath, Westall, Alfred et Tony Johannot, etc., exécutées par les meilleurs artistes français et anglais; de 30 *cartes géographiques* destinées spécialement à chaque ouvrage; d'une *carte générale de l'Écosse*, et d'un *fac-simile* d'une lettre de Sir Walter Scott, adressée à M. Defauconpret, traducteur de ses œuvres.

CONDITIONS DE LA SOUSCRIPTION.

Les 72 volumes in-18 paraîtront par livraisons de 3 volumes de mois en mois; chaque volume sera orné d'une *gravure en taille-douce* et d'un titre gravé, avec une *vue* ou *vignette*, et chaque livraison sera accompagnée d'une ou deux *cartes géographiques*.

Les *planches* seront réunies en un cahier séparé formant *atlas*.

Le prix de la livraison, pour les souscripteurs, est de 12 fr. et de 25 fr. avec les gravures avant la lettre.

Depuis la publication de la 3e livraison, les prix sont portés à 15 fr. et à 30 fr.

ON NE PAIE RIEN D'AVANCE.

Pour être souscripteur il suffit de se faire inscrire à Paris

Chez les Éditeurs :

A. SAUTELET ET Cⁿ,	CHARLES GOSSELIN, LIBRAIRE
LIBRAIRES,	DE S. A. R. M. LE DUC DE BORDEAUX,
Place de la Bourse.	Rue St.-Germain-des-Prés, n. 9.

www.ingramcontent.com/pod-product-compliance
Lightning Source LLC
Chambersburg PA
CBHW060128170426
43198CB00010B/1076